Genusswandern in Südtirol

Genusswandern in Südtirol

Die schönsten Erlebniswanderungen –
empfohlen von den Südtiroler Wanderhotels

**Mitarbeit: Hanspaul Menara
und Hans Kammerlander**

BRUCKMANN

INHALTSVERZEICHNIS

INHALTSVERZEICHNIS

VORWORT

Lieber Leser, liebe Leserin,
eigentlich ist Wandern bei uns in Südtirol, das mit seinen hochalpinen Gebirgsstöcken und den einzigartigen Dolomiten unbestreitbar zu den schönsten Wandergebieten der Welt zählt, schon ein Genuss an sich.

Die Südtiroler Wanderhotels haben diesen Gedanken weitergeführt. Sie bieten unter dem Motto »Genusswandern in Südtirol« ein neues, ganzheitliches Urlaubskonzept, das zwei Schwerpunkte vereint: das »Wandern« als Fitnesserlebnis für den Körper, den »Genuss« als Erholereignis für die Seele. Beides zusammen ergibt jenen Wohlfühl-Effekt, den ein gelungener Urlaub als Nachwirkung zeigen sollte.
Die Wanderhotels, Herausgeber dieses Buches und Spezialisten in der Beratung, Ausführung und Betreuung von Wanderungen, richten ihr Angebot ganz nach diesem Konzept aus. Die persönliche Betreuung bei allen Wanderaktivitäten durch die Gastgeber ist dabei ein wesentlicher Aspekt, die gezielte Auswahl an Wellness- und Entspannungsangeboten sowie kulinarischen Genusshöhepunkten ein weiterer.

Dieses Buch richtet sich an Wanderfreunde, denen Ganzheitlichkeit sowie Qualität in der Erholung wichtig sind. Es bringt den Lesern das hochwertige Angebot der Südtiroler Wanderhotels näher, das neuesten sportwissenschaftlichen Erkenntnissen ebenso entspricht wie den Komfortbedürfnissen moderner Urlaubsgäste.
Alles in allem soll Ihnen das Schmökern in den folgenden Seiten Lust machen - auf ein Urlaubsland, das landschaftlich und gastronomisch einfach mehr zu bieten hat.

Helmut Tauber
Obmann der Südtiroler Wanderhotels

Werner Frick
Südtiroler Landesrat für Tourismus

Panoramablick über die Naturschönheiten des Tierser Tales

VORWORT

Einer der bekanntesten Südtiroler: Hans Kammerlander

Den Hans, den mögen sie. Zu Hause in Südtirol genau so wie im fernen Nepal, wo der drahtige Kletterer oft zu seinen Expeditionen aufbricht. Der Hans hat ein gutes Herz, ist bescheiden und steht mit Rat und Tat immer parat, so sagen die Leute. Der Hans, das ist der Kammerlander aus dem von Bergen eingesäumten Ahrntal, einer Bilderbuchlandschaft für Natur- und Bergfreunde. Kammerlander, das ist der aus Sand in Taufers, der begnadete Bergsteiger, der wie Ameisen Felsmauern hochklettert und im Kampf gegen Naturgewalten immer das Glück auf seiner Seite hatte. Der Pilger zwischen den Achttausendern ist dem Himmel oft näher als der Erde. Auch heute noch. Zurück von dort oben aus der dünnen Luft, die kaum zum Atmen reicht, widmet sich der Südtiroler seiner Alpinschule, in die er alle Erfahrungen seiner extremen Tätigkeit am Berg einbringt.

Für Kammerlander ist Bewegung in der Natur eine faszinierende Kombination mit hohem Gesundheitswert. Abschalten und den Kopf frei machen, das gelingt nur draußen abseits von Lärm und Hektik. Über Bewegung und Abhärtung fand auch der Südtiroler zu robuster Gesundheit, nachdem er in jungen Jahren oft kränkelte. Empfindlichkeiten beim Essen, so weiß er heute, sind nicht selten psychischer Natur. »Die Leute denken über alles nach und machen sich dabei selber verrückt.« Kammerlander hat nichts gegen Mischkost, empfiehlt aber gerade bei viel Bewegung im Wanderurlaub kohlenhydratreiches Essen (Kartoffeln, Nudeln, Reis, Brot) und wenig Fleisch. Gegessen wird eigentlich nur früh und abends. Mittags essen macht müde und würde unterwegs nur belasten. Was im Rucksack nicht fehlen sollte: ein paar Müsli-Riegel für den Hunger zwischendurch, eine Trinkflasche und gemessen an Anstrengung und Hitze Tabletten als Mineralersatz nach hohem Verlust von Flüssigkeit durch Schwitzen. Viel trinken, rät Kammerlander eindringlich, weil dadurch vorzeitiges Ermüden gebremst wird.

Einfache Dinge machen den Bergwanderern oft das Leben schwer. Kammerlander kann aus seinem beinahe täglichen Umgang mit Naturfreunden einiges erzählen.
Ratsam ist demnach eine entsprechende Vorbereitung auf den Wanderurlaub in Form von konditionsfördernden Spaziergängen zu Hause. Sich natürlich bewegen bei jeder Witterung, auch bei Wind und Regen, ist sein Tipp. Das dient der Abhärtung und bietet Gelegenheit, schon mal Rucksack, atmungsaktive Textilien und möglichst leichte Trekkingschuhe mit guter Profilsohle zu testen. Kammerlander lacht, wenn er von Rucksäcken schwer wie Blei spricht. Keine Seltenheit! Mini-Apotheke und Taschenlampe für den Notfall, Folie gegen Unterkühlung, leichte Regen- und Windjacke und ein trockenes T-Shirt zum Umziehen gehören zusammen mit Müsli-Riegel und Trinkflasche zur Grundausstattung. Kein Modegag, sondern extrem hilfreich sind leichte Wanderstöcke. Dadurch übernehmen die Arme einen Teil des Gewichts, wodurch die Gelenke entlastet werden. Außerdem stützen die Stöcke an gefährlichen Passagen das Gleichgewicht.

Beim Wandern anderen nichts Beweisen wollen, ist ein weiterer Ratschlag: Vielen fällt diese Einschränkung schwer. Wenn Kammerlander mit Gruppen unterwegs ist, achtet er auf ein langsames »Warm-up«. Mit dem richtigen Takt, der dem Alter entsprechen muss und grob gerechnet 130 Pulsschläge in der Minute nicht überschreiten sollte, lässt sich ideal Fett abbauen. Nach dem Urlaub ein paar Kilo weniger, das ist doch pfundig! Offene Augen für die Schönheiten der Natur sorgen für zusätzliche Entspannung. Aber: Auch dem Glücklichen schlägt die Stunde, wenn es nämlich darum geht, rechtzeitig am Ziel oder wieder im Quartier zu sein. Wer nach dem Blick auf die Uhr merkt, es geht mit der Zeit nicht aus, sollte beizeiten umkehren. Nicht in die Nacht hinein wandern, warnt Kammerlander, der damit viele Gefahren verbindet.
Apropos Gefahren: Gewitter in den Bergen, oft mit sturzbachartigen Regenfällen, Schnee und Hagel verbunden, müssen an Nachmittagen in Sommermonaten immer mit eingerechnet werden. Wer eine Tour plant, sollte sich vorher im Tourismusbüro, beim Bergführer oder im Quartier über die Wetterprognosen informieren. Auch das gehört zu einer gewissenhaften Planung. Sollte während der Tour tatsächlich ein Gewitter aufziehen, rät der Südtiroler Extrembergsteiger, nicht in Panik zu verfallen. Zügig den höchsten Punkt verlassen, Wege, die mit Eisen gesichert sind, meiden und nicht unter Bäume stellen, das sind die wichtigsten Ratschläge. Und, Donnerkeil, die Augen auf beim Abmarsch! Für den Notfall ist es außerdem immer gut, wenn im Quartier die Tagestour mit etwaigem Zeitplan bekannt ist.
So wird mit Hans Kammerlanders Tipps die tiefe Freundschaft mit den Bergen wachsen.

Versprochen!

Die schönsten Wanderungen Südtirols

Einleitung

Wenn bei Umfragen das Wandern als absolut beliebtester Ausgleichssport und beliebteste Freizeitbeschäftigung genannt wird, fühlen vermutlich auch Sie sich bestätigt. Sicher haben Sie schon selbst die Erfahrung gemacht, in welch hohem Maß das Wandern Freude bereitet, innere Zufriedenheit schenkt und außerdem noch gesund ist!
Wir, die Südtiroler Wanderhotels, haben nachfolgend für Sie unsere schönsten Wanderungen zusammengestellt.

Hier einige nützliche Tipps, damit Ihre Wanderungen nicht zur Enttäuschung, sondern zum Erlebnis werden.
Die Wege: Können Spazierwege mit leichten Schuhen begangen werden, so erfordern richtige Wanderwege eine angemessene Ausrüstung. Vor allem sind gute Bergschuhe notwendig, besonders wenn die Wege steil und steinig sind. Schmale Wege werden meist Steige genannt.
Bergtouren: Sie fordern eine gewisse Leistung ab. Ein Vortraining ist notwendig, denn immerhin sind beachtliche Höhen zu überwinden.
Bekleidung: Sie sollte der jeweiligen Tour angepasst sein. Am besten eignen sich leichte Einzelstücke, die bei Bedarf in Lagen übereinander getragen werden können (Unterhemd, Hemd, Pullover, Anorak). Bekleidung aus Microfaser hält trocken und warm. Wind- und wasserdichte Überbekleidung gehört auch im Sommer in den Rucksack.
Markierung: Wanderwege, Bergwege und Alpinsteige sind in der Regel mit Farbmarkierungen gekennzeichnet und der Wegverlauf ausreichend deutlich erkennbar. Als Markierungen gelten auch Wegnummern. Wanderungen und Touren sind mitunter aus Teilstrecken verschiedener Wege zusammengesetzt. Deshalb sind insbesondere an Weggabelungen angebrachte Schilder, Wegnummern und sonstige Hinweise zu beachten.
Umwelt: Das Abkürzen von Wanderwegen bedeutet meist Zerstörung von Vegetation und wirkt sich im alpinen Gelände besonders nachteilig aus, weil hier jeder Grashalm viel länger zum Wachsen braucht als in der Ebene. Lassen Sie sich Ihre Jause schmecken, aber vermeiden Sie unnötigen Verpackungsmüll. Und vor allem: Nehmen Sie alle Abfälle wieder mit ins Tal, um sie dort entsprechend zu entsorgen. Auch in der Bergwelt gilt die Regel: Verlasse den Ort so, wie du ihn selbst vorfinden möchtest. Während der Wanderung bzw. Bergtour sollten sie reichlich trinken. Verzichten Sie der Umwelt zuliebe jedoch auf Aludosen! Nehmen Sie stattdessen eine wieder verschließbare Trinkflasche. Damit bestimmen Sie selbst, wie viel Sie auf einmal trinken und schützen gleichzeitig die Umwelt.
Wege und Haftung: Grundsätzlich gelten drei Kategorien: Wanderwege (leicht), Bergwege (mittel) und Alpinsteige (schwierig). Alle Wege werden grundsätzlich auf eigene Gefahr begangen.
Zeitangaben (Gehzeiten): Im Allgemeinen werden pro Kilometer Wegstrecke bzw. pro 100 Höhenmeter (Hm) Aufstieg 15 bis 20 Gehminuten berechnet. Gesamtgehzeiten werden aufgerundet oder als Rahmenzeit (z.B. 5 – 6 Stunden) angegeben. Bei den angegebenen Gehzeiten handelt es sich um Durchschnittswerte, die je nach Kondition erheblich unter- wie überschritten werden können. Sie schließen jedenfalls keine Rastpausen mit ein.
Schutzhütten: Achten Sie auf die witterungsbedingten Öffnungs- bzw. Bewirtschaftungszeiten, vor allem zu Beginn und zum Ende der Saison.
Wanderpass: Erhältlich in den verschiedenen Südtiroler Reisebüros.
Alpine Auskunft: In Bozen, Pfarrplatz 11, Tel. 0471 999 955.
Wanderliteratur: Landeskundliche Bücher und Wanderführer verschiedenster Art sind bei den Tourismusvereinen und in den Hotels erhältlich.
Alpenflora – Pilze: Das Sammeln von Blumen und Pilzen ist in den Südtiroler Naturparks strengstens untersagt, außerhalb derselben durch eigene Bestimmungen genau geregelt. So sind grundsätzlich alle Bergblumen unter Naturschutz und dürfen nur beschränkt oder gar nicht gesammelt werden. Nichtbeachtung dieser Vorschriften wird mit empfindlichen Geldstrafen geahndet.
Obst auf den Feldern: Das Obst auf den Feldern gehört dem Bauern, der sie bearbeitet. Bei vielen Bauern können Sie reifes Obst zu einem günstigen Kaufpreis erwerben. Kastanien und Walnüsse, die auf dem Boden und teilweise auch auf den Wanderwegen liegen, sind kein Fallobst, sondern gehören dem Grundstücksbesitzer.
Geführte Wanderungen und Bergtouren: Viele Tourismusvereine veranstalten geführte Bergwanderungen. Die Ziele werden meist eine Woche vorher bei den Tourismusvereinen angeschlagen. Die Wanderungen führen in unberührte, selten begangene Wandergebiete. Die beschränkte Teilnehmerzahl garantiert schöne Tage in Kameradschaft und Geselligkeit. Jeder Teilnehmer geht auf eigene Gefahr. Für Unfälle übernehmen die Tourismusvereine und Wanderführer keinerlei Verantwortung. Es wird empfohlen, bei allen Touren Tagesproviant mitzunehmen. Festes Schuhwerk (keine Halbschuhe) und Wetterschutz sind Voraussetzung.
Alpines Notsignal: Bergsteiger, die sich in Bergnot befinden und Hilfe brauchen, geben innerhalb einer Mi-

nute sechsmal ein Zeichen in regelmäßigen Abständen und dann folgt eine Pause von einer Minute. Das Ganze so lange wiederholen, bis eine Antwort erfolgt. Die Antwort der Rettungsmannschaft besteht aus einem Zeichen, das innerhalb einer Minute dreimal in regelmäßigen Abständen gegeben wird. Die Zeichen können hörbar (lautes Rufen, Pfeifen, Schießen usw.) oder sichtbar (weißes Tuch, Spiegelung, eine Laterne usw.) sein.

Allgemeine Hinweise für Winterwanderungen:

Die Spazierwege in den Ortskernen werden aus verständlichen Gründen vor den Wegen außerhalb des Ortes von Schnee und Eis geräumt. Deshalb kann es geschehen, dass Letztere für kurze Zeit nicht geräumt sind. Informieren Sie sich deshalb vor dem Start über den Zustand der jeweiligen Wege.

Aufgrund der großen Temperaturunterschiede zwischen Tag und Nacht, besonders in der Nachsaison, können die Wege auf der Sonnenseite zeitweise stark vereist sein. Es wird darum angeraten, sich mit Anti-Rutsch-Hilfen und mit einem Skistock auszurüsten.

Außerdem wird empfohlen, Wanderungen in abgelegenen Gegenden nicht ohne Begleitung zu unternehmen. Es besteht immer die Gefahr, vom Weg abzukommen, sich zu verirren und von der Dunkelheit überrascht zu werden. Sollten Skipisten überquert werden, ist höchste Vorsicht geboten: Skiläufer haben Vorfahrt!

Die Felsformationen der Südtiroler Berge ziehen viele Wanderer immer wieder in ihren Bann.

1 Vetzan, Vinschgau

Sporthotel Vetzan

SPORTHOTEL VETZAN

Das Sporthotel bietet die Möglichkeit, die Hektik des Alltags zu vergessen und sich einfach verwöhnen zu lassen.
Neben kulinarischen Leckerbissen, erlesenen Weinen und anderen Gaumenfreuden, wird auch für das körperliche Wohlbefinden gesorgt.
Mit Sauna, Dampfbad, Marmorbad mit Whirlpool, Massagen, Fitnessraum, hauseigenem Fahrradpark, Tennisplätzen und geführten Wanderungen ist das Verwöhnprogramm vollständig.
In unmittelbarer Nähe befinden sich noch Möglichkeiten für Golf und Sommerskilauf.
Genießen Sie Ihren Urlaub!

Sporthotel Vetzan ****
Erhard und Monika Tschenett
Vetzan 63
I-39028 Schlanders

Tel.: +39/0473/74 25 25
Fax: +39/0473/74 24 67
E-Mail: info@sporthotel-vetzan.com
www.sporthotel-vetzan.com

Die Pfarrkirche zum Heiligen Nikolaus mit ihrem romanischen Kirchturm im Zentrum von Vetzan

Unten: Die Sonnenterrasse des Sporthotel Vetzan lädt zum Genießen ein.

Vetzan am Vinschgauer Sonnenhang

Das Dorf Vetzan liegt, nur wenig über der Vinschgauer Talsohle, am unteren Hang des Vinschgauer Sonnenbergs, umrahmt von Weingärten. Bekannt ist Vetzan für seine herben Weißweine, die an den sonnigen, windgeschützten Hängen reifen. Das ziemlich geschlossene Dorf, mit seiner teilweise noch althergebrachten Bausubstanz, zu der auch einige alte Bauernhöfe gehören, zählt ungefähr 400 Einwohner.
Blickfang ist die dem Hl. Nikolaus geweihte Pfarrkirche, deren Turm noch in die romanische Stilepoche zurückreicht. Das Langhaus in seiner heutigen Form ist hingegen erst gegen Mitte des 19. Jh. errichtet worden, nachdem die frühere gotische Kirche eingemurt worden war.
Ein besonders auffälliger Bau ist auch der Schmalzhof neben der Kirche, der ein spitzbogiges Marmorportal und steingerahmte Fenster aufweist.
Vetzan bietet noch viel ländliche Beschaulichkeit und Ruhe.
Rund drei Kilometer westlich von Vetzan liegt der Vinschgauer Hauptort Schlanders, in dem reges Leben und buntes Treiben herrscht. Weiter öst-

Der Schludernser Waalweg. Waale sind uralte, künstlich angelegte Wasserläufe, die in einigen Gegenden auch heute noch zur Bewässerung der Felder und Wiesen dienen.

lich liegt Goldrain mit dem gleichnamigen Schloss, das seinerseits wieder an das bekannte Dorf Latsch anschließt.
Das Gebiet von Vetzan besitzt ein ausgedehntes Netz an schönen Wanderwegen, die vor allem den berühmten Vinschgauer Sonnenberg mit seiner ganz besonderen Charakteristik erschließen.

Churburg und Schludernser Waale
Eine schöne Rundwanderung am Wasser

Wegbeschreibung: In Schluderns (921 m) vom Park am nordöstlichen Dorfrand, auf Steig 20 ostwärts durch Wald hinauf zur Churburg (1000 m). Hier sind Besichtigungen im Rahmen von Führungen möglich und äußerst lohnend. Weiterhin der Markierung 20 folgend, auf anfänglich asphaltiertem Weg hinauf zum Fernalhof (1152 m; knapp 3/4 Std.). Hier biegen wir links ab, zum mit Nr. 17 markierten Bergwaal. Nun wandern wir entlang diesem einmaligen Bewässerungskanal auf dem teilweise durch Geländer abgesicherten Waalweg durch steile und felsige Waldhänge hinein zur Abzweigung des Leitenwaals in der Schlucht des Saldurbaches. Auf dem Steig kurz hinab zum rauschenden Bach (1200 m; ca. 1 1/2 Std.). Über die kleine Brücke und auf der anderen Seite wieder hinauf zum Leitenwaal und westwärts weiter entlang des sonnigen Waalweges.
Später kommen wir an den archäologischen Ausgrabungen von Ganglegg vorbei (die Funde befinden sich im erwähnten Museum in Schluderns). Weiter über den Kalvarienberg, dann biegen wir links ab zum Griggwaal, dessen Wasser unterirdisch verläuft. Mit Blick auf das Dörfchen Schluderns steigen wir auf Steig Nr. 18 zu einer Staumauer ab und kehren nach Schluderns zurück. Ab Saldurschlucht knapp 1 1/2 Std.
Tipps und besondere Hinweise: Diese leichte Wanderung auf gut instand gehaltenen Weganlagen gibt uns Einblick in das althergebrachte, einma-

AUSGANGSORT
Schluderns (921 m)

AUF EINEN BLICK
Schluderns - Churburg - Bergwaal - Leitenwaal - Griggwaal - Schluderns

HÖHENUNTERSCHIED
ca. 280 m

HÖCHSTE WEGSTELLE
Saldurschlucht (ca. 1200 m)

REINE GEHZEIT
ca. 3 Std.

WEGLÄNGE
ca. 7 km

SCHWIERIGKEIT
2-Bergschuh-Wanderung

WANDERKARTEN
Freytag-Berndt, Blatt S 2 (Vinschgau - südliche Ötztaler Alpen); Kompaß, Blatt 52 (Vinschgau)

lige Bewässerungssystem und in die vielfältige Flora des Sonnenberges. Im Zuge der Wanderung empfiehlt sich auch eine Besichtigung der einmaligen Churburg und des »Vintschger Museums« in Schluderns.

Pedertal und Lyfialm begleitet von rauschenden Bächen und dem lautlosen Gleiten des Adlers
Mittelschwere Rundtour im inneren Martelltal

Wegbeschreibung: Vom Parkplatz Enzianhütte (2055 m) kurz auf der Straße zur nahen Enzian-Alm (2061 m). Nun auf Weg 20, anfangs etwas ansteigend zur Brücke über den Pederbach und weiter der Markierung 20 folgend durch das Pedertal. Wir wandern den Bach entlang hinauf zur verfallenen Schildhütte (ca. 2400 m; ab Ausgangspunkt 1 Std.). Hier haben wir Gelegenheit, Wild zu beobachten; vor allem Murmeltiere sind hier zu Hause. Von da wandern wir auf Steig 33 ostwärts hinaus gegen das Pederköpfl (2585 m), wo sich eine umfassende Aussicht zur Zufallhütte und zu den Gletschern bietet. Dann hinunter in Richtung Lyfialm (2165 m, Ausschank; ab Schildhütte 1 1/2 Std.), wo wir aber kurz vorher rechts abbiegen und der Markierung Nr. 35 folgen. Wir queren die schütter bewaldeten Hänge zu den Bergweiden des Peder-Legers (2252 m; auch Peder-Stieralm genannt). Der Weg führt uns nun wieder nach rechts über die Brücke des Pederbaches und entlang der Markierung 20 zurück zum Parkplatz.
Tipps und besondere Hinweise: Diese Höhenwanderung im inneren Martelltal führt uns in eine unberührte Berglandschaft mit prächtigem Gletscherblick auf die Marteller Hochgipfel. Das teilweise unwegsame Gelände erfordert Übung im Bergwandern und feste, rutschsichere Bergschuhe.

AUSGANGSORT
Parkplatz Enzianhütte (2055 m)

AUF EINEN BLICK
Parkplatz Enzianhütte - Enzian-Alm - ehemalige Schildhütte - Pederköpfl - Lyfialm - Peder-Leger - Parkplatz

HÖHENUNTERSCHIED
ca. 530 m

HÖCHSTE WEGSTELLE
Pederköpfl (2585 m)

REINE GEHZEIT
ca. 3 1/2 Std.

WEGLÄNGE
ca. 7 km

SCHWIERIGKEIT
4-Bergschuh-Wanderung

WANDERKARTEN
Freytag-Berndt, Blatt S 2 (Vinschgau - südliche Ötztaler Alpen); Kompaß, Blatt 52 (Vinschgau)

Gipfeltour durch Almrosen und Enzian auf den Chavalatsch
Einer der schönsten Ausichtsberge des Vinschgaus

Wegbeschreibung: Die Anfahrt erfolgt über Prad nach Stilfs und weiter über den Weiler Platz, vorbei am Fragges-Hof bis zu einem Wildgehege mit Hirschen (1742 m; ab hier Fahrverbot). Vom Wildgehege folgen wir zu Fuß kurz der Bergstraße, zweigen rechts ab und steigen auf Weg 2 durch den Platzwald steil zu einem Waldrücken hoch. Hier wandern wir quer über die Hänge (stets Markierung 2 folgend) bis zur Unteren und Oberen Stilfser Alm (2077 m; ab dem Wildgehege 1 1/2 Std.). Von hier steigen wir auf Weg 5 in sehr vielen Serpentinen durch die steilen Grashänge geradewegs empor zur Spitze des Chavalatsch (2764 m; ab dem Wildgehege

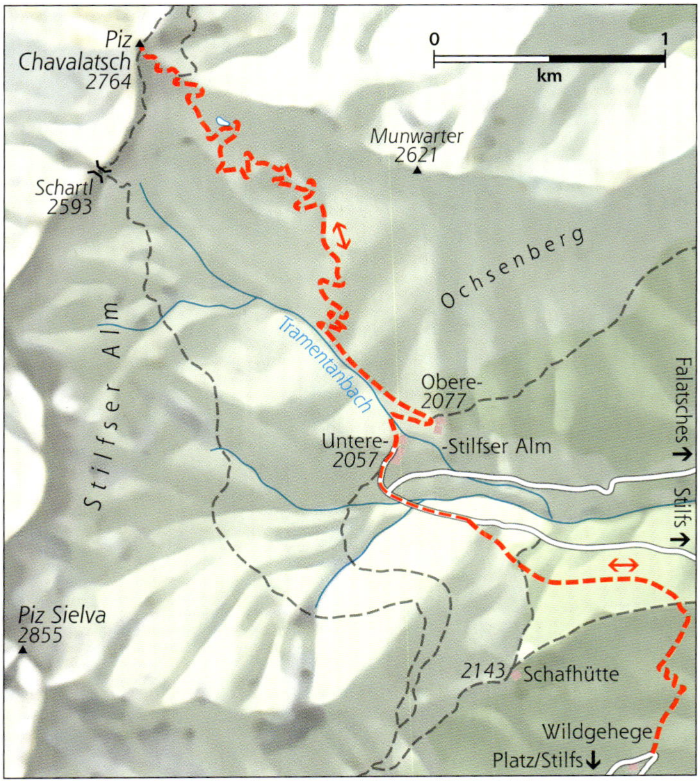

knapp 2 1/2 Std.). Der Abstieg erfolgt über die beschriebene Aufstiegsroute; insgesamt 3 Std.

Tipps und besondere Hinweise: Anstrengende, aber schöne und nicht schwierige Gipfeltour. Der Chavalatsch erhebt sich als frei und weithin sichtbar aufragender Berg zwischen dem Münstertal im Nordwesten und dem Trafoier Tal im Südosten. Er gilt als eine der hervorragendsten Aussichtswarten des Vinschgaus. Als Abstiegsalternative können besonders Gehtüchtige vom Gipfel ostwärts den Kamm mit dem Munwarter (2621 m) überschreiten und über die Weidehänge des Ochsenberges zur Stilfser Alm absteigen.

AUSGANGSORT
Stilfs/Wildgehege (1742 m)

AUF EINEN BLICK
Wildgehege - Stilfser Almen - Chavalatsch - retour

HÖHENUNTERSCHIED
1022 m

HÖCHSTE WEGSTELLE
Chavalatsch (2764 m)

REINE GEHZEIT
ca. 7 Std.

WEGLÄNGE
ca. 14 km

SCHWIERIGKEIT
4-Bergschuh-Wanderung

WANDERKARTEN
Freytag-Berndt, Blatt S 2 (Vinschgau - südliche Ötztaler Alpen); Kompaß, Blatt 52 (Vinschgau)

Links oben: Die Enzianhütte

Panoramablick aus dem Martelltal in Richtung Vinschgau. Die beeindruckende Vielfalt der Marteller Bergwelt verzaubert. Rechts im Bild die bekannte Zufallhütte.

2 Vetzan, Vinschgau
Wanderhotel Vinschgerhof

WANDERHOTEL VINSCHGERHOF

Mitten im Wanderparadies Vinschgau liegt zwischen den Ötztaler Alpen und der Ortlergruppe das familiengeführte Hotel Vinschgerhof.
Zur Erkundung lädt die einmalige Bergkulisse des Stilfserjoch-Nationalparks ein. Ein vielfältiges Programm von der gemütlichen Wanderung entlang der Waalwege bis hin zur Gipfelbesteigung im Ortlergebiet bietet sich den Gästen.
Als Alternative dazu lohnt sich auch ein Ausflug in die Fußgängerzone von Schlanders, dem Hauptort des Vinschgaus.
Die Bade- und Saunalandschaft des Hauses laden zum Entspannen ein. Für das leibliche Wohl ist mit Kreationen aus der Küche und edlen Tropfen aus dem hauseigenen Weinkeller gesorgt.

Wanderhotel Vinschgerhof ***
Familie Manfred Pinzger
Vetzan 37
I-39028 Schlanders

Tel.: +39/0473/74 21 13
Fax: +39/0473/74 00 41
E-Mail: info@vinschgerhof.com
www.vinschgerhof.com

Das Schloss Schlandersberg, auf dem Hügel oberhalb Schlanders thronend, wurde vor einigen Jahren restauriert und ist seither in Privatbesitz.

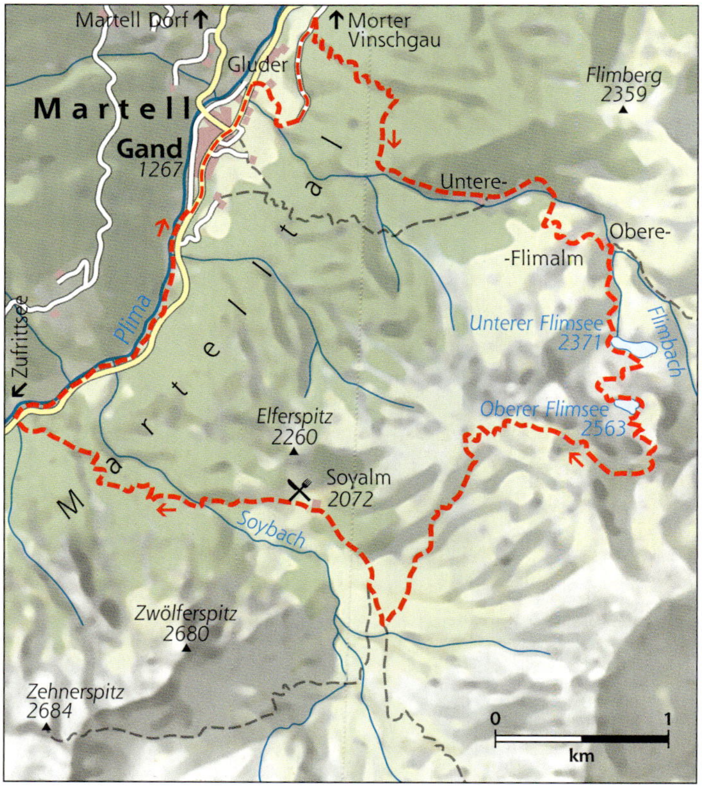

Von Vetzan ins Gebiet von Schlanders
Schloss Schlandersberg und Kortsch

Wegbeschreibung: Von Vetzan (708 m) wandern wir auf Weg 13 durch die Hänge westwärts in Richtung Schlanders, bis wir auf Weg 11 treffen. Nun folgen wir diesem hinauf zur Kreuzung mit der Höfestraße. Auf dieser weiter westwärts leicht ansteigend bis zu einer Rechtskehre. Hier auf der links abzweigenden Seitenstraße nahezu eben durch Wiesen hinüber zu den Häusern nahe der Burg Schlandersberg (ca. 1030 m; der Fisolhof bietet Einkehrmöglichkeit; hierher 1 $^{1}/_{2}$ Std.). Für den Abstieg gehen wir vom Fisolhof auf steilem Pfad westseitig durch die Hänge der Schlandraunschlucht bis hinunter zum genannten Bach, wo der Ilzwaal beginnt. Nun wandern wir auf dem Begleitsteig dieses schönen Waales durch Wald westwärts zum Kirchlein St. Ägidius, Es liegt äußerst hübsch am felsigen Steilhang und wird vom so genannten Schatzknott überragt. Vom Kirchlein wandern wir westwärts zur Höfestraße, die zum Schlanderser Sonnenberg führt, auf dieser unter mächtigen Kastanienkronen hinab zum Dorf Kortsch (801 m, ab Schlandersberg gut 1 Std.). Von hier ostwärts weiter hinab nach Schlanders und über Feldwege zurück zum Ausgangspunkt; ca. 1 $^{1}/_{2}$ Std.

Tipps und besondere Hinweise: Leichte Wanderung zum weithin sichtbaren Schloss Schlandersberg, das letzthin restauriert wurde und sich in beherrschender Lage auf einem steil abfallenden Hügel nordöstlich über Schlanders erhebt. Es ist bewohnt und daher für Innenbesichtigung nicht allgemein zugänglich. Der Abstieg führt am romanischen Ägidiuskirchlein und am schönen, noch sehr ländlich gebliebenen Dorf Kortsch vorbei.

AUSGANGSORT
Vetzan (708 m)

AUF EINEN BLICK
Vetzan - Schloss Schlandersberg - Ilswaal - Ägidiuskirchlein - Kortsch - Vinschgerhof

HÖHENUNTERSCHIED
ca. 320 m

HÖCHSTE WEGSTELLE
Burg Schlandersberg (ca. 1030 m)

REINE GEHZEIT
ca. 4 $^{1}/_{2}$ Std.

WEGLÄNGE
ca. 11 km

SCHWIERIGKEIT
3-Bergschuh-Wanderung

WANDERKARTEN
Freytag-Berndt, Blatt S 2 (Vinschgau - südliche Ötztaler Alpen); Kompaß, Blatt 52 (Vinschgau)

Oben: Wegmarkierung auf dem Weg von Vetzan nach Schlanders und Kortsch

Die Fraktion Kortsch mit dem romanischen Kirchlein St. Ägidius, das den Mittelpunkt des Dorfes bildet.

AUSGANGSORT
Sulden (1844 m)

AUF EINEN BLICK
Sulden - Kälberhütte - Stieralm - Gasthaus Waldheim - Ausgangsort

HÖHENUNTERSCHIED
398 m

HÖCHSTE WEGSTELLE
Stieralm (2242 m)

REINE GEHZEIT
4 ¹/₂ Std.

WEGLÄNGE
ca. 9 km

SCHWIERIGKEIT
3-Bergschuh-Wanderung

WANDERKARTEN
Freytag-Berndt, Blatt S 6 (Ortlergruppe, Martell, Val di Sole): Kompass, Blatt 72 (Ortler - Cevedale)

Die Rundwanderungen in Sulden von Alm zu Alm sind allseits beliebt. Eine herrliche Bergkulisse, begleitet von saftigen Wiesen belohnt den Wanderer für seine Mühen.

Zu den Almen von Außersulden
Leichte Rundwanderung durch unberührte Natur

Wegbeschreibung: Von Sulden (1844 m) wandern wir auf der Talstraße hinüber zum östlichen Dorfrand und von dort der Markierung 18 folgend auf breitem Fahrweg durch lichten Wald hinauf zur Kälberhütte (2248 m; ab Sulden 1 Std.). Von dort weiterhin auf Weg 18 quer durch die Hänge nordwärts zu dem vom Hinteren Schöneck hinab ziehenden Gratrücken. Nun wandern wir quer durch das Razoital hinaus zur Stieralm (2242 m; ab Kälberhütte 1 Std.). Rückweg nach Sulden: Von der Stieralm zurück bis zur talseitigen Abzweigung des Steiges 17. Auf diesem im Zickzack in ¹/₂ Stunde hinunter zum querenden Weg 6 (1987 m). Wir folgen diesem Weg in leichtem Abstieg quer durch Wald südwärts zum Gasthaus Waldruhe (1858 m, ab Stieralm gut 1 ¹/₂ Std.). Noch weiter der Markierung 6 folgend auf der Zufahrtsstraße und auf der östlichen Suldner Talstraße zurück nach Sulden (ab Waldruhe 1 Std.).

Tipps und besondere Hinweise: Leichte Wanderung, bei der wir die Almen besuchen, die sich auf der östlichen Talseite außerhalb von Sulden befinden. Aufgrund der beachtlichen Höhenlage des Ausgangspunktes Sulden sind nur mäßige Höhenleistungen zu erbringen. Die Wanderung besticht durch die unberührte Berglandschaft wie durch die Ausblicke auf die Suldner Bergriesen.

Sulden befindet sich inmitten des Nationalparkes Stilfserjoch, umgeben von 14 Dreitausendern, alle überragend der Ortler, der mit seinen 3905 m der höchste Berg der Ostalpen ist.

Flimseen und Soyalm
Zünftige Bergtour im Martelltal

Wegbeschreibung: Von der Ortschaft Gand im Martelltal (1267 m) wandern wir Markierung 22 folgend ostwärts am Hang hinauf, bis der von Ennewasser heraufführende Weg 2 erreicht wird. Nun auf diesem weiter durch den Flimwald; es geht teilweise ziemlich steil hinauf und hinein ins Flimtal. Wir wandern am Bach entlang weiter zur unteren Flimalm und hinauf zur oberen Alm. Hier biegen wir nun rechts ab und folgen Steig 18 am Westhang des Tales hinauf zum unteren Flimsee (2371 m; gut 2 $^1/_2$ Std.). Von hier geht es steil, aber recht einfach empor zum oberen See (2563 m; ab unterem See 1 Std.). In ca. $^1/_2$ Stunde kommen wir – weiterhin der Markierung 18 folgend – empor auf einen Bergrücken (ca. 2720 m). Auf der anderen Seite gehen wir steil abwärts immer auf dem Weg 18 bis zum Steig 4 und auf diesem weiter rechts hinaus zur Soyalm (2072 m, Ausschank; ab oberem Flimsee 1 $^1/_2$ Std.). Von da auf Weg 4 durch den Wald hinunter zur Talstraße und zurück nach Gand (ab Soyalm 1 $^1/_2$ Stunden).

Tipps und besondere Hinweise: Bei dieser anspruchsvollen Wanderung mit großem Höhenunterschied lernen wir zwei einsame, hochalpine Seitentäler des Martelltales kennen. Beeindruckend im Flimtal sind beiden schönen Bergseen, im Soytal hingegen lädt die gleichnamige Alm mit ihrem Blick zur vergletscherten Zufrittspitze zu Rast und Einkehr ein. Die Tour erfordert Gehtüchtigkeit und Übung im Bergwandern. Rutschfeste Bergwanderschuhe sind unerlässlich.

AUSGANGSORT
Gand (1267 m)

AUF EINEN BLICK
Gand - Flimalm - Flimseen - Bergrücken - Soyalm - Gand

HÖHENUNTERSCHIED
ca. 1450 m

HÖCHSTE WEGSTELLE
Bergrücken zwischen Flim und Soy (2720 m)

REINE GEHZEIT
6 – 7 Std.

WEGLÄNGE
ca. 13 km

SCHWIERIGKEIT
5-Bergschuh-Wanderung

WANDERKARTEN
Freytag-Berndt, Blatt S 2 (Vinschgau - südliche Ötztaler Alpen); Kompaß, Blatt 52 (Vinschgau)

Ausblick von der Flimalm auf nahegelegene Almen mit den Gletscherriesen des Martelltales im Hintergund.

3 Kastelbell, Vinschgau
Erlebnishotel Sand

ERLEBNISHOTEL SAND

Familiäre Atmosphäre, Gastfreundlichkeit, Gemütlichkeit und stilgerechter Komfort erwartet Sie im Erlebnis-Wanderhotel Sand. Das Hotel befindet sich eingebettet in die herrliche Landschaft des Vinschgaus inmitten von Obst- und Weingärten, umrahmt von Bergen, Wäldern und Weiden.
Das Hotel Sand ist ein Haus mit Tradition, das viel Wert auf Küche, Keller und Geselligkeit legt mit seinen lieblichen Ecken und holzgetäfelten Stuben. Man trifft sich beim Grillen im Garten, bei Weinverkostungen im Keller, bei Boccia- und Tennisturnieren. Eine großzügige Saunalandschaft, Freibad, Hallenbad, ein biologischer Schwimmteich und Tennis runden die Entspannungsmöglichkeit ab.

Erlebnishotel Sand ****
Familie Bernhart
Mühlweg 2
I-39020 Kastelbell-Tschars

Tel.: +39/0473/62 41 30
Fax: +39/0473/62 44 06
E-Mail: info@hotel-sand.com
www.hotel-sand.com

Kastelbell-Tschars

Von der Rebe bis zum Gletscher – das ist kein leeres Schlagwort, sondern tägliche Erfahrung in den schmucken Dörfern Kastelbell und Tschars. Die breite Talsohle wird von hoch aufragenden Kämmen flankiert: dem waldreichen, eher schattigen Nörderberg und dem lichtüberfluteten Sonnenberg mit seinen vielen Kostbarkeiten aus Flora und Fauna. Beide zusammen lassen das Tal zur inneralpinen Trockeninsel werden. Die Dörfer bieten eine Erholungslandschaft voller Reize, die von fetten Wiesenböden zu kargem Bergrasen, von der strahlenden Apfelblüte zu prächtigen Alpenrosenfeldern reicht. In diesem Teil des Vinschgaus reifen jene Trauben, aus denen die duftenden, leicht aromatischen Weine gekeltert werden. Eine gute Mischung aus Aufgeschlossenheit und Traditionsbewusstsein prägt Natur und Kulturlandschaft. So finden sich uralte Schalensteine und Trockenmauern, die sagenumwobene Klumperplatte und der Knoschpmkogl gleich wie gepflegte Obst- und Weingärten.
Kastelbell und Tschars sind reich an Burgen und Kultur. Tschars, mit seiner dem Heiligen Martin geweihten Pfarrkirche, war die östlichste Gemeinde des karolingischen Reiches. Im Dorf steht eine Reihe interessanter Gebäude. Kastelbell prägt sich dem Durchreisenden besonders wegen seiner Burg ein, die über der Straße thront; sie hebt sich besonders durch Ausstellungen von Vinschgauer Künstlern hervor.
Für die Geschichte der Gegend bedeutsam sind die Ruinen der 1262 erbauten Festung Hochgalsaun. Auch in ihrer Umgebung wurden sehr alte archäologische Funde getätigt. Zu nennen sind auch die Ruinen der

Die Burg Kastelbell thront über der Straße ins Dorf. 1238 erbaut, wurde sie 2001 restauriert. Seither stellen Vinschgauer Künstler ihre Werke dort aus.

Reinhold Messners Schloss Juval, an dem wir bei der Wanderung vorbeikommen. Eine Besichtigung der Burg und des Museums ist auf jeden Fall lohnenswert.

schon 1150 nachweislichen Burg Montalban. Weiters befindet sich im Ort Galsaun noch Schloss Kasten, ein stattlicher Ansitz.
Das Schloss Juval am Schnalswaal gehört ebenso zur Gemeinde Kastelbell-Tschars. Die Burganlage wurde auf einem prähistorischen Platz um 1276 erbaut. Sie ist seit 1983 Wohnsitz des Bergsteigers Reinhold Messner, der mehrere Kunstsammlungen sowie eine umfangreiche Tibetika- und Maskensammlung dort untergebracht hat.
Aufgrund der zentralen Lage ist Kastelbell-Tschars ein idealer Ausgangspunkt für erholsame Waalwanderungen und Spaziergänge. Auch für den aktiven Urlauber bieten sich viele interessante Ausflüge zu alten Bauernsiedlungen, bewirtschafteten Almen sowie idyllischen Bergseen und Gipfelkreuzen an.

Von Tschars nach Juval
Auf Waalwegen durch den Vinschgauer Sonnenberg

Wegbeschreibung: Von Tschars (627 m) folgen wir der Markierung A. In rund 20 Minuten gelangen wir auf einer Höfezufahrt zum Tscharser Schnalswaal (730 m). Dann wandern wir auf dem guten, mit Nr. 3 markierten und von Laubbäumen überschatteten Waalweg östlich weiter zum Sonnenhof (Jausenstation), unterhalb des Schloss Juval (ab Tschars ca. 1 $^{1}/_{2}$ Std.; weiter östlich die Gaststätte Schlosswirt). In diesem Bereich befindet sich auch eine von einem Waalaufseher bewohnte Waalerhütte mit einem Waalhammer. Falls die Burg Juval besichtigt werden kann (Erkundigung über die Öffnungszeiten einholen), lohnt sich der kurze Aufstieg zum prächtig gelegenen Schloss, das mit zahlreichen Exponaten des Bergsteigers Reinhold Messner ausgestattet ist.

Herbstliche Stimmung am Vinschgauer Sonnenberg

AUSGANGSORT
Tschars (627 m)

AUF EINEN BLICK
Tschars - Schnalser Waalweg - Sonnenhof - Schlosswirt unterhalb Juval - Stabener Waalweg - Tschars

HÖHENUNTERSCHIED
ca. 100 m

HÖCHSTE WEGSTELLE
Sonnenhof/Schlosswirt unter Juval (830 m)

REINE GEHZEIT
ca. 3 Std.

WEGLÄNGE
ca. 8 km

SCHWIERIGKEIT
2-Bergschuh-Wanderung

WANDERKARTEN
Freytag & Berndt, Blatt S 2 (Vinschgau - südliche Ötztaler Alpen); Kompass, Blatt 52 (Vinschgau)

AUSGANGSORT
Parkplatz oberhalb Freiberg (ca. 1450 m)

AUF EINEN BLICK
Freiberg - Marzoner Alm - Schweinsstallalm - Zirmtalsee - retour

HÖHENUNTERSCHIED
ca. 660 m

HÖCHSTE WEGSTELLE
Zirmtalsee (2114 m)

REINE GEHZEIT
ca. 3 1/2 Std.

WEGLÄNGE
ca. 9 km

SCHWIERIGKEIT
3-Bergschuh-Wanderung

WANDERKARTEN
Freytag & Berndt, Blatt S 2 (Vinschgau - südliche Ötztaler Alpen); Kompass, Blatt 52 (Vinschgau)

Der Zirmtalsee auf 2114 m liegt im Bereich der Waldgrenze und zählt zu den schönsten Bergseen des Vinschgaus.

Vom Sonnenhof steigen wir auf dem mit Nr. 1 markierten, nach Staben führenden Pflasterweg zum Stabener Schnalswaal ab. Auf seinem Begleitsteig wandern wir westwärts zum Ende des Waales nahe dem Hof Falzrohr und von da auf kurzem Feldweg und schmaler Straße zurück nach Tschars (ab Sonnenhof knapp 1 1/2 Std.).
Tipps und besondere Hinweise: Diese Rundwanderung verläuft teils unter schattigen Laubbäumen, teils durch sonnige Trockenhänge. Sie bietet einen schönen Blick über den unteren Vinschgau. Der Begleitweg des Tscharser Schnalswaales gehört zu den lohnendsten Wandermöglichkeiten des Vinschgaus. Die Wanderung ist an sich leicht und problemlos, der Stabener Waal aber unmarkiert und an einigen Stellen etwas ausgesetzt.

Von Freiberg zum Zirmtalsee
Waldwanderung auf der Vinschgauer Nörderseite

Wegbeschreibung: Anfahrt von Kastelbell südwärts zum Bergweiler Freiberg und vom Oberrand des Weilers kurz weiter zum Parkplatz »Alte Säge«, im Graben des Schlumsbaches (ca. 1450 m). Wir wandern nun auf dem breiten Güterweg durch den Wald ostwärts, leicht ansteigend zur Marzoner Alm (1600 m, Ausschank). Von da stets der Markierung 18 folgend südostwärts durch den Wald hinauf zur Lichtung der einstigen Schweinsstallalm (1810 m) und auf dem steinigen Weg durch das Tälchen gerade hinauf zum Zirmtalsee (2114 m; ab Parkplatz 2 Std.). Der Abstieg erfolgt über den beschriebenen Aufstiegsweg.

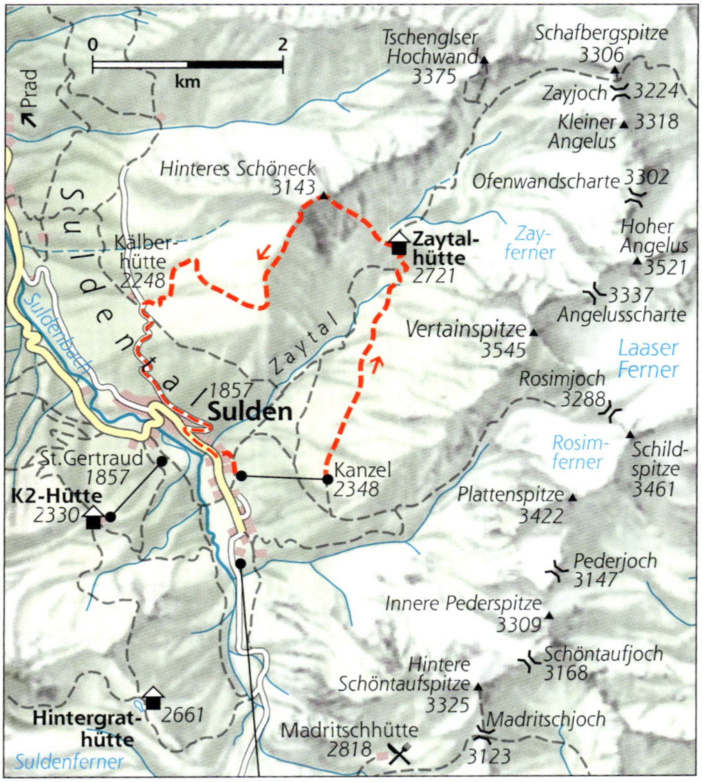

Tipps und besondere Hinweise: Teilweise etwas steile, aber im Übrigen problemlose und schöne Wanderung zu einem der schönsten Vinschgauer Bergseen. Er und ein paar ihn umgebene kleine Seeaugen liegen im Bereich der Waldgrenze.

Der Schöneck-Höhenweg
Wanderung auf der Ostseite des Suldentales

Wegbeschreibung: Von Sulden (1847 m) ostseitig mit dem Sessellift hinauf zur Kanzel (2348 m) und auf dem Weg 12 Richtung Nordosten in knapp 1 $^1/_2$ Stunden zur Düsseldorfer- oder Zaytalhütte (2721 m, bewirtschaftet von Anfang Juli bis Mitte September sowie vom 20. Februar bis 20. April; Betten und Matratzenlager). Wir wandern nun auf gesichertem Steig westwärts über Geröll und Felsen steil empor zum Hinteren Schöneck (3143 m; ab Düsseldorfer Hütte knapp 1 $^1/_2$ Std.).

Abstieg: Auf Steig 18 am Grat südwestwärts hinunter zum Vorderen Schöneck (2908 m) und von dort weiterhin auf Steig 18 bleibend, durch freie Berghänge hinab zur Kälberhütte (2248 m). Auf dem Güterweg (stets Markierung 18) wandern wir südwärts hinunter nach Sulden (ab Hinterem Schöneck 2 $^1/_2$ Std.).

Tipps und besondere Hinweise: Diese Tour nur bei absolut verlässlicher Witterung unternehmen! Sie verlangt Gehtüchtigkeit, Trittsicherheit und Bergerfahrung! Beste Zeit: Mitte Juli bis Spätherbst. Die Tour bietet den einzigartigen Anblick der Bergriesen Ortler, Zebr und Königsspitze. Manche bezeichnen diese Tour als schönste Überschreitung Suldens. (Betriebszeiten des Kanzel-Sessellifts von Ende Juni bis Anfang Oktober)

AUSGANGSORT
Sulden (1847 m) bzw. Kanzel (2348 m)

AUF EINEN BLICK
Sulden - Kanzel - Düsseldorfer Hütte - Hinteres Schöneck - Vorderes Schöneck - Sulden

HÖHENUNTERSCHIED
1283 m

HÖCHSTE WEGSTELLE
Hinteres Schöneck (3143 m)

REINE GEHZEIT
ca. 5 Std.

WEGLÄNGE
ca. 10 km

SCHWIERIGKEIT
5-Bergschuh-Wanderung

WANDERKARTEN
Freytag & Berndt, Blatt S 2 (Vinschgau - südliche Ötztaler Alpen); Kompass, Blatt 52 (Vinschgau)

Das Gipfelkreuz am Hinteren Schöneck, das Ziel einer anstrengenden Bergtour.

4 Schnals, Vinschgau
Vernagt Hotel am See

VERNAGT HOTEL AM SEE

Das Hotel, direkt am Vernagter Stausee gelegen, ist ein idealer Ausgangspunkt zu zahlreichen Wanderungen im Naturpark Texelgruppe sowie zur Fundstelle des »Ötzi«, dem Mann aus dem Eis. 1957 erbaut, hat es sich heute zu einem renomierten 4-Sterne Haus mit umfangreichem Betreuungsprogramm entwickelt. Vier Mal pro Woche finden geführte Ausflüge in die faszinierende Bergwelt statt. Die 300 qm große Relaxoase, mit Hallenbad, Sauna, Heublumen-Dampfbad und Panoramaruheraum mit Blick auf die 3000er lädt zum Entspannen ein. Das kulinarische Angebot spannt sich vom Abendessen in einem Bergbauernhof über Spezialitäten-Abende mit Stubenmusik zu »Himmlischem aus der Klosterküche«. Italienische, Südtiroler und vegetarische Köstlichkeiten laden zum Genießen ein.

Vernagt Hotel am See ****
Vernagt 79
I-39020 Schnalstal

Tel.: +39/0473/66 96 36
Fax: +39/0473/66 97 20
E-Mail: info@vernagt.com
www.vernagt.com

Das Schnalstal

Das Siedlungsgebiet der Gemeinde Schnals liegt auf einer Meereshöhe zwischen 546 und 2011 Metern. Das Tal ist rund 25 Kilometer lang. Von der großteils nur schmalen Talsohle steigen die Seitenhänge sehr steil zu den umliegenden, teilweise vergletscherten Gipfeln an, von denen einige über 3500 m hoch sind. Abgesehen von kurzen Seitenästen im Westen, weist das Tal auf der Ostseite mit dem Pfossental ein längeres Seitental auf. Hauptsiedlungen sind Karthaus, mit dem Kreuzgang des ehemaligen Kartäuserklosters Allerengelberg, Vernagt am gleichnamigen Stausee, Unser Frau in Schnals mit seiner stattlichen, zwiebeltürmigen Kirche und im Talschluss Kurzras mit dem alten Kurzhof und modernen Hotelbauten. Von dort fährt eine Seilbahn zum Schnalser Ganzjahresskigebiet in 3000 m Höhe. Nennenswert ist auch der Ort Katharinaberg, mit seiner hoch oben stehenden Kirche, wo im Mittelalter die Burg Schnals stand.
Das Schnalstal wurde 1873 durch einen Fahrweg in der Mündungsschlucht erschlossen, Ende der 50er Jahre erfolgte der Bau des Stausees in der Vernagter Ebene, und ab 1975 entstanden die Schnalstaler Gletscherbahnen und die Hotelbauten in Kurzras. Das Landschaftsbild des Tales ist mit seinen Bergbauernhöfen und seinem intakten Naturraum so gut wie unverändert geblieben. Heute zählt das Schnalstal 1400 Einwohner mit 2300 Gästebetten.

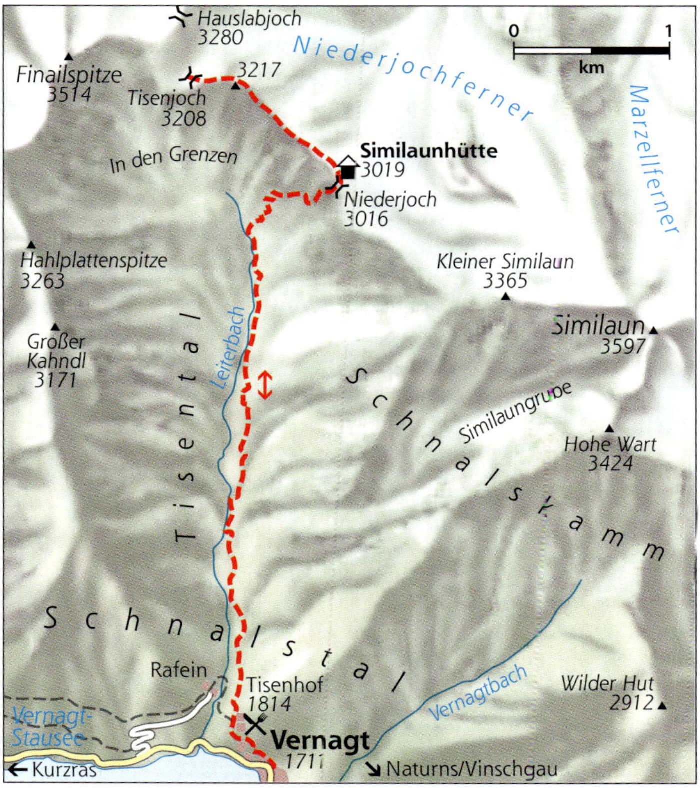

1991 wurde am Tisenjoch (zwischen der Similaunhütte und dem Hauslabjoch) die 5300 Jahre alte Gletschermumie des »Mannes aus dem Eis«, kurz »Ötzi« genannt, gefunden, die seither weltweit die Wissenschaft beschäftigt. Im neuen »Archeoparc« in Schnals erlebt der Besucher den Lebensraum des Mannes aus dem Eis. Im Freiareal wurden auch jungsteinzeitliche Häuser nachgebildet. Zu den Zeugnissen der Geschichte im Schnalstal gehören auch die Reste des erwähnten Klosters in Karthaus. Besonders lebendig geblieben ist der alljährliche Zug Tausender Schafe über rund 3000 m hohe Jöcher hinüber zu den Almgründen im Ötztal, deren Grenzen seit 1415 unverändert sind. Das vom Schnalser Haupttal abzweigende Pfossental, sowie die Ostseite des äußeren Schnalstales liegen im »Naturpark Texelgruppe«. Es handelt sich um ein an Naturschönheiten, an Flora, Fauna und Mineralien überaus reiches und noch weitgehend unberührtes Gebiet, das zu den interessantesten und schönsten Südtirols zählt.

Similaunhütte und Fundstelle am Tisenjoch
Auf den Spuren des »Mannes aus dem Eis«

Wegbeschreibung: Von Vernagt (1711 m) über Markierung 2 hinauf zum Tisenhof (1814 m) am Eingang des gleichnamigen, steilen Tales. Wir wandern nun den sprudelnden Bergbach entlang (stets Markierung 2), bis wir kurz nach einem dem Hl. Martin, dem hochverehrten Viehpatron, gewidmeten Bildstock, zu zwei steinernen Baulichkeiten gelangen. Dies waren wohl Hirtenbehausungen. Die eine wird »Labyrinth« genannt und weist einen Gang auf, der spiralförmig zu einer kleinen Mittelzelle führt. In der nahen Senke wurde Silex gefunden.
Unser Weg führt weiter hinauf durch eine steile, steinige Rinne, die in Fels und Geröll ausläuft. Hier windet sich der Steig weiter zur Similaunhütte am Niederjoch (3016 m). Wir genießen einen Prachtausblick zum Similaun (3579 m) und seinem Gletscher. Nach kurzer Rast und Stärkung setzten wir unseren Aufstieg fort. Wir folgen einem felsigen Kamm und erreichen über einen gut markierten und teilweise mit Halteseilen gesicherten Felspfad nach etwa einer Stunde das Tisenjoch mit der schlanken Steinpyramide (3208 m). Diese Pyramdie weist auf die nahe Fundstelle der Mumie des Mannes aus dem Eis, dem »Ötzi«. Einem Brief aus dem Jahr 1859 ist zu entnehmen, dass der Steig, der früher Unsere Frau in Schnals mit Vent im Ötztal verband, genau hier verlief, wo die Gletschermumie gefunden worden ist. Heute führt der Weg über das Niederjoch.
Unser Rückweg verläuft wieder über die beschriebene Aufstiegsroute.

AUSGANGSORT
Vernagt (1711 m)

AUF EINEN BLICK
Vernagt - Similaunhütte - Tisenjoch und Fundstelle des »Mannes aus dem Eis« - Vernagt

HÖHENUNTERSCHIED
ca. 1500 m

HÖCHSTE WEGSTELLE
Tisenjoch (3210 m)

REINE GEHZEIT
8 – 9 Std.

WEGLÄNGE
ca. 15 km

SCHWIERIGKEIT
5-Bergschuh-Wanderung

WANDERKARTEN
Freytag & Berndt, Blatt S 2 (Vinschgau - südliche Ötztaler Alpen); Kompass, Blatt 52 (Vinschgau)

Oben: Fresken im Kreuzgang der Klosteranlage »Allerengelberg« in Karthaus.

Im Schnalstal laden zahlreiche Wanderwege zu lohnenden Ausflügen ein; ein Paradies für Familien wie auch für Individualisten.

AUSGANGSORT
Katharinaberg (1245 m)

AUF EINEN BLICK
Katharinaberg - Hühnerspiel - Obermairalm - Dicker Alm - Dick - Lint - Katharinaberg

HÖHENUNTERSCHIED
850 m

HÖCHSTE WEGSTELLE
Obermairalm (2095 m)

REINE GEHZEIT
6 $^1/_2$ Std.

WEGLÄNGE
ca. 12 km

SCHWIERIGKEIT
4-Bergschuh-Wanderung

WANDERKARTEN
Freytag & Berndt, Blatt S 2 (Vinschgau - südliche Ötztaler Alpen); Kompass, Blatt 52 (Vinschgau)

Die Almen im Schnalstal werden von den Bauern als Sommerweiden für ihre Rinder benutzt.

Bergbauernhof im Schnalstal, wie man sie dort noch vielerorts in ihrer Urtümlichkeit bewundern kann.

Tipps und besondere Hinweise: Trotz guter Markierungen und Sicherungen an ausgesetzten Stellen ist diese Tour nur erfahrenen Berggehern zu empfehlen. Ein zeitiger Aufbruch am Morgen ist ratsam. Bergbekleidung, Kälteschutz und Bergschuhe mit rutschfester Sohle sind als Ausrüstung notwendig.

Von Katharinaberg zu einsamen Höfen und Hochalmen
Die Siedlungsgrenze am Fuchsberg

Wegbeschreibung: Von Katharinaberg (1245 m) steigen wir zuerst zum Hof Unterperfl (1417 m), dann auf dem mit Nr. 10 markierten Weg steil hinauf bis zu einem Zaun. Einige Minuten später biegen wir bei der ersten Gabelung rechts ab und erreichen schließlich den aufgelassenen Hof Hühnerspiel (1906 m), wo noch um 1900 Getreide angebaut wurde. Etwas höher befindet sich ein kleiner Schalenstein. Von da steigen wir zum ebenfalls aufgelassenen Hof Matzlaun auf (2023 m) und bald danach erreichen wir die Obermairalm (2095 m) in einer imponierenden Naturlandschaft. Die altertümlichen Baulichkeiten dieser einstigen Hofstelle werden im Kern in das 14. Jh. datiert. Nun geht es weiter zur Dicker Alm (2060 m), die eine Einkehrmöglichkeit bietet. Wir steigen wieder hinunter zum weithin sichtbaren Dickhof (1709 m), der den Wanderern ebenfalls eine Einkehrmöglichkeit bietet. Vor dem Haus steht ein schönes Kreuz mit ganz besonderem Gesichtsausdruck des Gekreuzigten.
Unser weiterer Abstieg (stets Markierung 10), an dem schon bald ein Stein mit einer schönen Schale liegt, führt uns durch Lärchenwald hinunter zum Linthof (1464 m), einem beliebten Einkehrziel. Hier trägt ein mächtiger Felsblock mehrere Schalen. Schließlich führt uns der Meraner Höhenweg (Nr. 24) in ca. 1 $^1/_2$ Stunden wieder zurück nach Katharinaberg.
Tipps und besondere Hinweise: Diese Wanderung führt zu den höchsten Berghöfen des äußeren Schnalstales an dessen Ostseite. Bei der Besichtigung der alten Holzbauten die nötige Vorsicht und Rücksicht walten lassen! In Katharinaberg, unserem Ausgangsort, befand sich einst eine frühgeschichtliche Siedlung und im Mittelalter stand dort die Burg der Herren von Schnals, die 1350 von den Kartäusern geschleift wurde.

Von Vernagt zur Mastaunalm
Winterwanderung im Schnalstal

Wegbeschreibung: Von Vernagt am See (1710 m) wandern wir zuerst über den Damm des Stausees und nehmen den Waldweg nach Unser Frau (1508 m). Dieser führt uns direkt auf den Forstweg zum Mastaunhof (1643 m) am Eingang des Mastauntales. Wir wandern weiter über den gebahnten Weg auf der rechten Seite des Baches, mäßig ansteigend, durch Lärchenwald und freie Wiesenhänge taleinwärts zur Mastaunalm (1810 m; auch im Winter Einkehrmöglichkeit). Wenn es die Schneeverhältnisse zulassen, kann man sich den Rückweg bis zum Mastaunhof mit einer Schlittenfahrt verkürzen.

Tipps und besondere Hinweise: Diese Wanderung ist bei guten Schneeverhältnissen leicht und problemlos. Damit ist sie auch für Familien mit Kindern geeignet. Die Wege sind normalerweise gebahnt und der Abstieg kann zum Teil in Form einer lohnenden Rodelpartie durchgeführt werden. Schlitten erhält man leihweise auf der Mastaunalm, die, abgesehen von den Sommermonaten, von Weihnachten bis Ostern bewirtschaftet ist.

AUSGANGSORT
Vernagt am gleichnamigen See (1710 m)

AUF EINEN BLICK
Vernagt - Unser Frau in Schnals - Mastaunhof - Maustaunalm - retour

HÖHENUNTERSCHIED
300 m

HÖCHSTE WEGSTELLE
1810 m

REINE GEHZEIT
4 Std.

WEGLÄNGE
ca. 9 km

SCHWIERIGKEIT
1-Bergschuh-Wanderung

WANDERKARTEN
Freytag & Berndt, Blatt S 2 (Vinschgau - südliche Ötztaler Alpen); Kompass, Blatt 52 (Vinschgau)

Oben: Schalensteine, die von längst vergangenen Tagen erzählen

Die wunderbare Landschaft im Schnalstal bietet im Winter viel Raum zum Schneeschuh-Wandern. Die besondere Alternative für Ruhesuchende.

5 Naturns, Vinschgau
Wellness- & Wanderhotel Preidlhof

WELLNESS- & WANDERHOTEL PREIDLHOF

Sanft eingebettet in eine Parkanlage in ruhiger Panoramalage am idyllischen Sonnenhang oberhalb Naturns findet sich das Wellnesshotel Preidlhof. Das Haus bietet Ihnen wahre Gaumenfreuden, vom Gourmet-Menü bis zur leichten Vital- und Wellnesskost. Die Krönung für jeden Genießer sind die Weine aus eigenem Anbau genauso wie der »Marilleler« aus der Hausbrennerei.
Die Bio-Luxus-Suiten mit Whirlwannen bieten viel Raum zum Entspannen. In der Badelandschaft gibt es das »Jungbrünnl«, das Beauty- und Vitalcenter mit Serail-Schönheitsbad, Wärmetherapie-Liegen sowie die römische Saunaoase mit sieben verschiedenen Saunen. Radtouren, Rafting, Bogenschießen, Tennis und Golf bieten abwechslungsreiche Freizeiterlebnisse. Zudem finden im Preidlhof wöchentlich 3 bis 4 geführte Wanderungen mit Picknick statt.

Wellness- und Wanderhotel Preidlhof ****
St. Zeno-Str. 13
I-39025 Naturns

Tel.: +39/0473/66 62 51
Fax: +39/0473/66 61 05
E-Mail: info@preidlhof.it
www.preidlhof.it

Die Marktgemeinde Naturns

Naturns, ein hervorragendes Ferien- und Erholungsdorf, liegt in 565 m Seehöhe, hat 5000 Einwohner und 2500 Gästebetten. An 315 Tagen im Jahr scheint hier die Sonne, die Mensch und Natur aufblühen lässt. Feigen und Kiwis reifen in den Hausgärten, Äpfel in den weiten Talböden, Wein am Sonnenberg. Die Sonne bräunt auch das Holz, das die Bergbauernhöfe so heimelig macht. Ohne diese Zuneigung der Sonne gäbe es das einmalige Naturnser Erlebnisbad nicht, und es gäbe auch nicht die beliebten Waalwege entlang jahrhundertealter Bewässerungskanäle.
Naturns bietet zahlreiche Veranstaltungen, bunte Shopping-Erlebnisse, einen kostenlosen Gästebus, ein ausgedehntes Netz an Wanderwegen, Naturlehrpfade, Radwege, Sportangebote und vieles mehr. Im Naturparkhaus informiert viel Anschauungsmaterial über den Naturpark Texelgruppe, der der größte Südtirols ist.
Zur Fundstelle des Similaunmannes im Schnalstal erfolgen geführte Wanderungen, und als Ergänzung dazu sind in Naturns eine Nachbildung der Mumie und einer Wohnsiedlung («Ötzi-Habitat«) zu besichtigen.
Sonnseitig über dem Dorf liegt die gut erhaltene Burg Hochnaturns, während das wuchtige Schloss Tarantsberg schattseitig auf einem hohen Felssporn thront. Hoch über der Schnalstalmündung steht Schloss Juval. Es ist im Besitz des Extrembergsteigers Reinhold Messner und zeitweise allgemein zugänglich. Der Schlosshügel mit Naturlehrpfad, Waalweg, Bauernhöfen und Gastwirtschaften kann als Erlebnishügel bezeichnet werden.
Die Geschichte von Naturns beginnt in grauer Urzeit. Silexfragmente aus dem Neolithikum (4.-3. Jahrtausend v. Chr.) wurden bei Kompatsch gefunden, bronzezeitliche Siedlungsreste kamen beim Unterortlhof zum

Eine blühende Almwiese im Pfossental/Naturpark Texelgruppe

Vorschein und eine eisenzeitliche Siedlungsstätte deutet die Bezeichnung »Wallburg« am Patleideregg an. Auch der Ortsname reicht in prähistorische Zeit zurück. Der Siedlungsausbau während der Römerherrschaft ist aus vielen Flurbezeichnungen zu erschließen, und der Rablander Meilenstein verweist auf die Via Claudia Augusta. Auf eine Missionierungswelle nach der Völkerwanderung von Westen her (der Vinschgau gehörte ja zur Diözese Chur) ist es zurückzuführen, dass Naturns mit der Prokuluskirche eine Sehenswürdigkeit von europäischem Rang besitzt. Das kostbare Baudenkmal aus dem 7. Jahrhundert birgt die ältesten Fresken des gesamten deutschen Sprachraums.

Von Naturns nach Rabland
Der bequeme Naturnser Panoramaweg

Wegbeschreibung: Wir wandern unter den Tennisplätzen des Hotel Preidlhof vorbei und folgen dem mit »S Panoramaweg Nr. 91« beschilderten Wanderweg. Der Weg verläuft auf gleich bleibender Höhe und führt uns Richtung Partschins immer durch die Obstgärten, vorbei an den Höfen Mair auf Tum, Rautner, Hafling und Runst. Nach dem Runsterhof überqueren wir den Lahnbach über eine hohe Holzbrücke. Weiter geht es nun vorbei an der Runster Mühle und durch Wald und Wiesen zum Pardell-Hof (670 m). Der Panoramaweg führt in leichtem Auf und Ab durch Eichen- und Mannaeschenwald ostwärts weiter. Je nach Jahreszeit kann man verschiedene Blumen wie Königskerze, Thymian, Hauswurz und Seifenkraut bestaunen. Den Endpunkt des Panoramaweges bildet die Jausenstation Winkler (682 m). Von hier folgen wir dem Fahrweg in Richtung Rabland und kehren mit dem Bus zum Ausgangspunkt zurück (der Gästebus verkehrt kostenlos alle $^1/_2$ Stunde).

Tipps und besondere Hinweise: Leichte Panoramawanderung über der Untervinschgauer Talsohle mit nur mäßigen Steigungen auf gut markierten Wanderwegen. Die Tour ist bei sehr warmer Witterung nicht zu empfehlen! Beste Zeit: Ende April bis Mitte Mai während der Obstblüte sowie im Herbst von Mitte September bis November.

AUSGANGSORT
Naturns, Hotel Preidlhof

AUF EINEN BLICK
Naturns - Panoramaweg - Winklerhof - Rabland - Naturns

HÖHENUNTERSCHIED
70 m

HÖCHSTE WEGSTELLE
Winklerhof (682 m)

REINE GEHZEIT
ca. 2 $^1/_2$ Std.

WEGLÄNGE
ca. 6 km

SCHWIERIGKEIT
2-Bergschuh-Wanderung

WANDERKARTEN
Freytag & Berndt, Blatt S 2 (Vinschgau - südliche Ötztaler Alpen); Kompass, Blatt 52 (Vinschgau)

Der Panoramaweg ist eine empfehlenswerte Wanderung zum Kennenlernen der Naturnser Umgebung. Man genießt hier an vielen Stellen einen Ausblick bis in den Meraner Talkessel.

Zum Eishof im Herzen des Naturparks Texelgruppe
Naturerlebnisse im Pfossental

Wegbeschreibung: Mit dem Auto fahren wir ins Schnalstal und zweigen kurz nach der Auffahrt »Katharinaberg« rechts ins Pfossental ab. Nach ca. 20 Minuten Fahrt erreichen wir das Gehöft Vorderkaser mit der Gaststätte »Jägerrast« (1693 m; gebührenpflichtiger Parkplatz). Von hier geht es zu Fuß in mäßiger Steigung auf dem breiten Güterweg taleinwärts. Wunderbare Alpenrosenteppiche und saftige Almwiesen begleiten den Weg. Nach ca. 1 Stunde erreichen wir die Jausensationen Mitterkaser und, bald darauf, Rableit. Beide Almen waren bis vor kurzem noch ganzjährig bewirtschaftete Bauernhöfe. An den grünen Berghängen kann man immer wieder Gämsen beobachten. Das Tal wird nun weiter und herrliche Almwiesen und Lärchenwälder breiten sich aus. Nach weiteren 50 Minuten erreichen wir unser Wanderziel, die Jausenstation Eishof im Talschluss (2071 m). Die malerischen Baulichkeiten, die vor ein paar Jahrzehnten errichtet wurden, nachdem ein Brand den alten Eishof eingeäschert hatte, liegen am Rand weiter schöner Wiesenböden. Im Norden wird das Tal begrenzt vom Hauptkamm der Ötztaler Alpen mit der Hohen Wilde (3480 m) und im Süden von der Texelgruppe mit Hoher Weiße und Texelspitze. Hier kann man auch Murmeltiere beobachten und genießt die herrliche Naturlandschaft.

Der Rückweg nach Vorderkaser erfolgt auf dem beschriebenen Weg.

Tipps und besondere Hinweise: Leichte Almwanderung mit einzigartiger Naturkulisse, prachtvollen Almböden und Lärchenwäldern. Mitte Juni erlebt man die Almwiesenblüte und Ende Juni die Alpenrosenblüte. Empfohlene Ausrüstung: Wanderschuhe, Regen- und Sonnenschutz, Fernglas für Wildbeobachtung! Diese Wanderung ist besonders für Familien mit Kindern geeignet.

AUSGANGSORT
Vorderkaser/Jägerrast in Schnals (1693 m)

AUF EINEN BLICK
Vorderkaser - Mitterkaser - Rableid - Eishof - retour

HÖHENUNTERSCHIED
377 m

HÖCHSTE WEGSTELLE
Eishof (2071 m)

REINE GEHZEIT
ca. 3 Std.

WEGLÄNGE
ca. 8 km

SCHWIERIGKEIT
2-Bergschuh-Wanderung

WANDERKARTEN
Freytag & Berndt, Blatt S 2 (Vinschgau - südliche Ötztaler Alpen); Kompass, Blatt 52 (Vinschgau)

Die Naturnser Hochweiden
Auf Höhenwegen von Alm zu Alm

Wegbeschreibung: Mit dem Auto fahren wir am Naturnser Sportplatz vorbei auf der Bergstraße in Richtung Nörderberg bis zum Parkplatz beim Kreuzbrünnl auf 1600 m. Von hier aus folgen wir dem Fußweg Nr. 30 mit der Beschilderung »Naturnser Alm«. Bei der Straße, die uns in leichter Steigung bis zur Alm führt, handelt es sich um eine Schotterstraße, die jedoch für den Verkehr gesperrt ist. An einigen Stellen hat man immer wieder schöne Ausblicke auf das gesamte Vinschgau und zu den Gletschern des Schnalstales. Nach ca. 1 Stunde erreichen wir die Naturnser Alm (Jausenstation; 1922 m) mit ihren weiten Almwiesen. Wir folgen nun der Markierung A westwärts in Richtung Zetnalm (Altalm). Der Pfad führt meist eben mit wenigen Steigungen durch den schattigen Nadelwald. Am Wegrand findet man eine große Zahl von Alpenrosen, die während ihrer Blüte den Boden wie ein bunter Teppich bedecken. Nach 1 Stunde erreichen wir die urige Zetnalm (Jausenstation; 1747 m). Von hier folgen wir der Markierung 5A und erreichen in einem 20-minütigen Abstieg wieder den Parkplatz.

Tipps und besondere Hinweise: Leichte Almwanderung mit guten Einkehrmöglichkeiten in gemütlichen Almhütten. Von Mitte Juni bis Mitte Juli ist in dieser Höhe Alpenrosenblüte und bis Ende August dauert die Blüte der Wiesenblumen.

Knöchelhohe Wanderschuhe mit rutschfester Sohle, Regenschutz, Pullover und Sonnenschutz werden als Ausrüstung empfohlen.

AUSGANGSORT
Naturns/Parkplatz »Kreuzbrünnl« (1600 m)

AUF EINEN BLICK
Parkplatz beim Kreuzbrünnl - Naturnser Alm - Zetnalm (Altalm) - Parkplatz

HÖHENUNTERSCHIED
200 m

HÖCHSTE WEGSTELLE
Naturnser Alm (1922 m)

REINE GEHZEIT
ca. 2 1/2 Std.

WEGLÄNGE
ca. 7 km

SCHWIERIGKEIT
2-Bergschuh-Wanderung

WANDERKARTEN
Freytag & Berndt, Blatt S 2 (Vinschgau - südliche Ötztaler Alpen); Kompass, Blatt 52 (Vinschgau)

Links: Charakteristisch für die alten Bergbauernhöfe im Pfossental ist die Holzbauweise.

Oben: Unterwegs im Naturpark Texelgruppe

6 Dorf Tirol, Meran und Umgebung

Hotel Ansitz Golserhof

HOTEL ANSITZ GOLSERHOF

Der Golserhof ist ein Ansitz (Gutshof) aus dem 13. Jahrhundert. Am südländischen Sonnenhang von Dorf Tirol gelegen, mit herrlichem Panoramablick auf Bergspitzen sowie Obst- und Weingärten, bürgt der Golserhof zu allen Jahreszeiten für beste Erholung.
Fit und ge(h)sund in den Bergen! Das ist der Leitspruch vom Ansitz Golserhof bei Touren durch die bezaubernde Bergwelt. Für das leibliche Wohl ist mit Südtiroler und mediterranen Gaumenfreuden sowie besonderen Südtiroler Weinen bestens gesorgt. Im »Reich der Sinne« mit Saunen, Hallenbad, Whirlpool und Panoramafreibad wird Entspannung groß geschrieben. Das Verwöhnprogramm wird mit Massagen und Vitalprogramm abgerundet. Kulturliebhaber kommen bei den Meraner Musikwochen, den Soireen und vielen anderen erstklassigen Veranstaltungen auf ihre Kosten.

Hotel Ansitz Golserhof ****
Familie Gufler
Aichweg 32
I-39019 Dorf Tirol

Tel.: +39/0473/92 32 94
Fax: +39/0473/92 32 11
E-Mail: info@golserhof.it
www.golserhof.it

Dorf Tirol

Dorf Tirol ist ein stattlicher Urlaubsort bei Meran. Das Dorf liegt auf einer leicht ansteigenden Hangterrasse inmitten von ausgedehnten Obstgütern. Mit einem Sessellift kann man bequem ins Altstadtzentrum von Meran fahren. Die Seehöhe von Dorf Tirol beträgt 596 m. Dem Gast stehen zahlreiche Beherbergungsbetriebe und ein großartiges Wandergebiet zur Verfügung. Das dichte und gut bezeichnete Wegenetz erschließt sowohl die tieferen Lagen mit ihren Bauernhöfen, Waalwegen, Obst- und Weingütern als auch die mittleren und höheren Regionen der Texelgruppe, die mit ihren einzigartigen Spronser Seen und den vielen Hochtälern und Hochgipfeln den größten Südtiroler Naturpark bildet. Die von Dorf Tirol zum Berggasthaus Hochmut führende Seilbahn ermöglicht dem Wanderer, seine Bergtouren rund 800 Höhenmeter oberhalb Dorf Tirol zu beginnen und sich so einen über zweistündigen Aufstieg zu ersparen.
Das Ortsbild von Dorf Tirol wird beherrscht von der stattlichen Pfarrkirche, deren romanischer Turm im obersten Teil dem Meraner Pfarrturm nachgebildet ist. Die im Kern romanische, dem Hl. Johannes dem Täufer, geweihte Kirche enthält einen mächtigen neugotischen Hauptaltar. Die Pfarrei wird 1182 erstmals urkundlich erwähnt, ist aber wesentlich älter.
Von ganz besonderer Bedeutung sind die Burgen rund um Dorf Tirol: im Nordosten das gut erhaltene und bewohnte Schloss Auer, im Süden bereits nahe der Stadt Meran die Zenoburg sowie der Pulverturm der einstigen Burg Ortenstein und im Westen, bereits im Gebiet von Gratsch, das Schloss Thurnstein, die Brunnenburg und als bedeutendste von allen, das ebenso mächtige wie geschichtlich und burgenkundlich bedeutende Schloss Tirol.
Schloss Tirol kann, so wie die Brunnenburg, im Innern besichtigt werden. Dabei beeindrucken einerseits der gesamte Bau selbst und insbesondere

Die Spronser Seen und Naturpark Texelgruppe auf 2000 – 3000 m Meereshöhe

die einzigartigen romanischen Steinskulpturen aus dem 12. Jh. an zwei Portalen sowie die zweigeschossige Schlosskapelle mit ihren sehenswerten Fresken, andererseits beherbergt die Burg eine Dauerausstellung zur Geschichte Tirols. Schloss Tirol, deren Kern als Burg in die Zeit um 1100 zurückreicht, war der Sitz der Grafen von Tirol, die im Hochmittelalter die ausgedehnte Grafschaft Tirol beiderseits des Brenners begründeten. Heute ist jenes einstige Landesfürstentum Tirol in die Gebiete Nordtirol, Osttirol, Südtirol und Trentino zerteilt, die aber als Europaregion Tirol in verschiedenen Bereichen eng zusammenarbeiten.

Zum beliebten Ausflugsziel Tiroler Kreuz
Gemütliche Spazierrunde

Wegbeschreibung: Von der Ortsmitte in Dorf Tirol (596 m) über den zum Schloss Tirol führenden Schlossweg und durch das Knappenloch hinein in den Köstengraben, weiter bis zum Kiosk unweit vom Schloss Tirol, wo rechts der Burgfriedweg abzweigt. Dieser führt uns am Leisterhof vorbei, zuerst den Berg steil hinab und dann wieder rechts hinauf zu den Farmerhöfen (Gasthof, 816 m). Beim Farmerkreuz kann die obere Schlaufe des »Fitnessweges« (Turn- und Wanderweg) gewählt werden, der durch den Wald bis zum Tiroler Kreuz führt (Gasthof, 806 m).
Rückweg: Vom Tiroler Kreuz, oberhalb des Sträßchens, folgen wir dem Schild »Waldweg« in Richtung Westen. Weiter den Wegweisern »Fußweg nach Tirol« und der Markierung 6 folgend zurück nach Dorf Tirol.
Tipps und besondere Hinweise: Ursprünglich ein wichtiges Wegkreuz, versteht man heute unter der Bezeichnung »Tiroler Kreuz« das gleichnamige Gasthaus am Rande des breiten Finelegrabens, der den untersten Teil des Spronser Tales bildet. Die hübsche Rundwanderung, die noch als Spaziergang angesprochen werden kann, ist auch für Kinder und Senioren geeignet. Rutschfeste Wanderschuhe sind dennoch ratsam!

Oben: Ausblick vom Famerkreuz in Dorf Tirol, Start und Ziel des »Fitnessweges«

AUSGANGSORT
Dorf Tirol (596 m)

AUF EINEN BLICK
Dorf Tirol - Farmerkreuz - Tiroler Kreuz - Dorf Tirol

HÖHENUNTERSCHIED
220 m

HÖCHSTE WEGSTELLE
Farmerkreuz (816 m)

REINE GEHZEIT
2 Std.

WEGLÄNGE
ca. 5 km

SCHWIERIGKEIT
2-Bergschuh-Wanderung

WANDERKARTEN
Freytag & Berndt, Blatt S 1 (Bozen - Meran und Umgebung); Kompass, Blatt 53 (Meran)

AUSGANGSORT
Dorf Tirol/Gasthaus Hochmuth (1361 m)

AUF EINEN BLICK
Dorf Tirol - Hochmuth - Leiteralm - Vellau - St. Peter - Dorf Tirol

HÖHENUNTERSCHIED
926 m

HÖCHSTE WEGSTELLE
Leiteralm (1522 m)

REINE GEHZEIT
4 – 5 Std.

WEGLÄNGE
ca. 10 km

SCHWIERIGKEIT
4-Bergschuh-Wanderung

WANDERKARTEN
Freytag & Berndt, Blatt S 1 (Bozen - Meran und Umgebung); Kompass, Blatt 53 (Meran)

Der Hans-Frieden-Weg, ein Teil des Meraner Höhenweges
Leichte Rundwanderung für Schwindelfreie

Wegbeschreibung: Von Dorf Tirol (596 m) mit der Seilbahn hinauf zum Gasthaus Hochmuth (1361 m). Wir wandern auf Weg 24 hinauf zum Gasthof Steinegg, dann links, über den »Oberen Felsenweg« (Hans-Frieden-Weg). Wir wandern weiter, die steilen, stellenweise sogar senkrechten Hänge durchquerend, westwärts zu einem steilen Graben (im Frühjahr liegt hier manchmal noch Schnee oder Eis). Kurz leicht ansteigend durch den Wald zur Leiteralm (1522 m; Einkehrstätte). Auf Weg 25 bergab nach Vellau (Gasthöfe). Der Weg 25 a führt ebenfalls nach Vellau, nur etwas westlicher. Von Vellau auf Weg 26 hinunter zum Bauernhof Birbamegg (Buschenschank), weiter nach St. Peter (596 m) und auf dem breitem Weg über Schloss Tirol zurück nach Dorf Tirol.

Tipps und besondere Hinweise: Begehung des »oberen Vellauer Felsenweges«, der das Gebiet der Muthöfe mit jenem der oberhalb Vellau gelegenen Leiteralm verbindet. Die Begehung des an ausgesetzten Stellen mit Haltemöglichkeiten (Ketten, Seile) versehenen, weitgehend eben verlaufenden Höhenweges ist nicht schwierig, setzt aber doch Schwindelfreiheit voraus. Der Weg von Hochmuth zur Leiteralm ist Teil des bekannten Meraner Höhenweges und trägt die Bezeichnung Hans-Frieden-Weg, nach einem Kurgast, der in der Nachkriegszeit durch eine großzügige Spende die Anlage des Weges ermöglichte. Die Leiteralm ist – wie auch der Muthof – eine beliebte Einkehrstätte mit prächtiger Aussicht. Was nur wenige wissen: Einst war die Leiteralm ein ganzjährig bewohnter Bauernhof und damit der höchste Vellauer Berghof.

Rundblick auf Dorf Tirol mit seinem Ortskern, der eingebettet in Weinbergen liegt. Das idyllische Dorf befindet sich nur wenig oberhalb der Kurstadt Meran.

Zweigipfeltour im Naturpark Texelgruppe – Spronserseenplatte
Zur Mutspitze und Spronser Rötelspitze

Wegbeschreibung: Von Dorf Tirol (596 m) mit der Seilbahn zum Gasthaus Hochmuth (1361 m). Auf Weg 22 wandern wir weitgehend eben in nordöstlicher Richtung zum Gasthaus Mutkopf (1684 m). Auf Steig 23 geht es über freies Steilgelände ziemlich gerade empor zur Mutspitze (2294 m). Weiter der Markierung 23 folgend, führt uns der Weg über den felsigen Grat, in mehrmaligem Auf und Ab, westwärts zur Taufenscharte (Karjoch; 2230 m). Wir wandern rechts (nordwärts) auf Steig 25, zuerst absteigend, dann nahezu eben zum Pfitscherjöchl, zu den untersten Spronser Seen und zur Oberkaseralm (2131 m; Schutzhütte).
Nun steigen wir auf Weg 6/22 hinauf zum Grünsee und weiter zum Langsee. Unsere Tour bringt uns hinauf zur Hochgangscharte (2441 m). Der letzte Aufstieg erfolgt links (ostwärts) über die leichte, aber teilweise ausgesetzte Route zur Spronser Rötelspitze (2625 m).
Der Abstieg erfolgt wie der Aufstieg bis zur Hochgangscharte. Dann folgen wir einem steilen Pfad (mit Ketten versehen) hinunter zum Hochganghaus (Schutzhütte; 1839 m). Von da auf Weg 24 (Hans-Frieden-Weg) die Steilhänge querend weiter zum Gasthaus Hochmuth und von dort mit der Seilbahn zurück nach Dorf Tirol.
Tipps und besondere Hinweise: Landschaftlich großartige, aber lange und stellenweise nicht ganz leichte Bergtour; nur ausdauernden und sicheren Gehern vorbehalten.

Der Meraner Höhenweg, der rund um den Naturpark Texelgruppe führt, ist ein wahrer Tipp für Wanderfreunde.

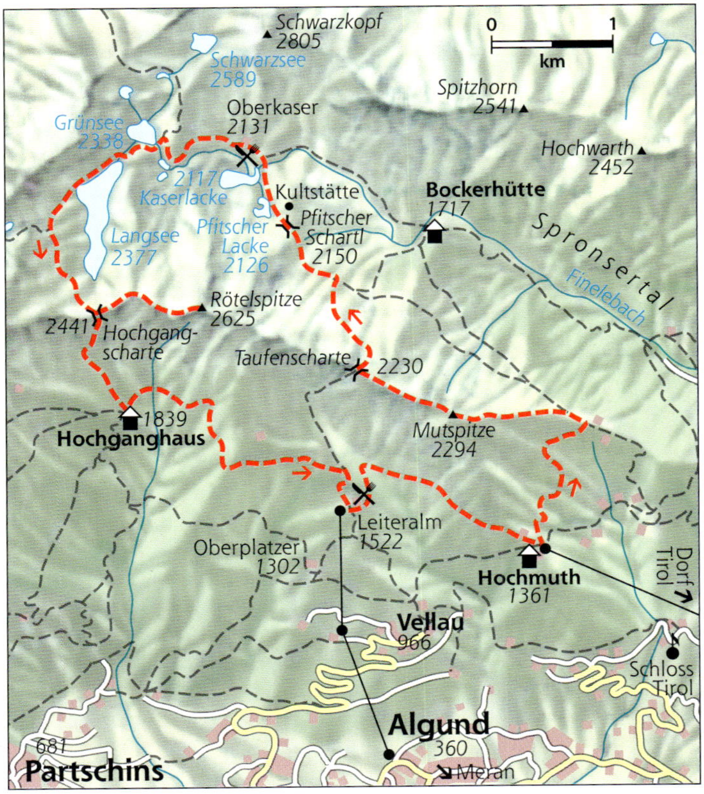

AUSGANGSORT
Dorf Tirol/Gasthaus Hochmuth (1361 m)

AUF EINEN BLICK
Gasthaus Hochmuth - Mutspitze - Taufenscharte - Spronser Seen - Rötlspitze - Hochganghaus - Dorf Tirol

HÖHENUNTERSCHIED
1264 m

HÖCHSTE WEGSTELLE
Spronser Rötelspitze (2625 m)

REINE GEHZEIT
8 – 9 Std.

WEGLÄNGE
ca. 17 km

SCHWIERIGKEIT
5-Bergschuh-Wanderung

WANDERKARTEN
Freytag & Berndt, Blatt S 1 (Bozen - Meran und Umgebung); Kompass, Blatt 53 (Meran)

7 Riffian, Meran und Umgebung

Hotel Zirmerhof

HOTEL ZIRMERHOF

Bereits seit über 20 Jahren liegt das familiengeführte Haus am Sonnenhang des Feriendorfes Riffian, im Burggrafenamt. Geprägt ist die Landschaft vom milden Klima und der mediterranen Vegetation, die hier am Fuße des Naturparkes Texelgruppe gedeiht, ebenso wie von der reichen Geschichte und der Herzlichkeit der Menschen.
Das Hotel wurde vor kurzem vollständig umgebaut und erstrahlt in neuem Glanze. Mit herrlichem Panoramablick, Hallenbad, Saunalandschaft, Freibad, Tennisplatz, ausgewählten kulinarischen Kreationen und zahlreichen geführten Wanderungen in die schönsten Naturregionen, bleiben dem Gast keine Wünsche unerfüllt.

Hotel Zirmerhof***
Familie Ornter
I-39010 Riffian

Tel.: +39/0473/24 11 77
Fax: +39/0473/24 11 40
E-Mail: info@hotel-zirmerhof.com
www.hotel-zirmerhof.com

Die Kirche von Riffian, einer der bekanntesten Marien-Wallfahrtsorte Südtirols, ist von Obstgärten umgeben.

Riffian

Das Dorf Riffian liegt im äußeren Passeiertal, welches am Timmelsjoch, inmitten prächtiger Hochgipfel der Ötztaler und Stubaier Alpen seinen Ursprung hat und bei Meran in das gleichnamige große Talbecken mündet. Wer vom Timmelsjoch oder Jaufenpass durch das wildromantische Passeiertal südwärts fährt, erreicht das Dörfchen Riffian vier Kilometer vor den Toren des Weltkurortes Meran auf einer Meereshöhe von 500 m.
Aufgrund der geringen Höhenlage zeichnet sich Riffian durch ein angenehmes Klima aus und liegt eingebettet in Obst- und Weingärten. Mächtige Edelkastanienbäume unterstreichen die landschaftliche Schönheit des Gebietes.
Für den von Süden Kommenden liegt Riffian an der Schwelle vom Meraner Becken zum geschichtsträchtigen Passeiertal, das für die Geschichte Tirols eine besondere Bedeutung besitzt. Aus dem Passeiertal stammt nämlich Andreas Hofer, der berühmte Tiroler Freiheitskämpfer von 1809. Der Sandhof, das Geburtshaus Hofers und heute ein viel besuchter Gasthof, liegt an der Talstraße in der Nähe des Hauptortes St. Leonhard.
Die Kirche von Riffian, die erhöht am Hang und etwas abseits der Häuser steht, ist einer der bekanntesten Marien-Wallfahrtsorte Südtirols. Die Wallfahrtskirche mit ihrem klobigen Zwiebelturm und der Gnadenkapelle wird 1310 erstmals urkundlich erwähnt.
Riffian zählt rund 1100 Einwohner und kann mit 900 Gästebetten aufwarten, aufgeteilt auf Hotels, Pensionen, Privatzimmer, Appartements und Urlaub auf dem Bauernhof. Außerdem gibt es zahlreiche Gasthöfe zum Einkehren.
Der Haupterwerb der Bewohner liegt in der Landwirtschaft und im Fremdenverkehr, es gibt außerdem im Gebiet von Riffian noch einige Handwerksbetriebe.

Tageswanderung zu den Riffianer Berghöfen
Durch Wälder und Wiesen des äußeren Passeiertales

Wegbeschreibung: Wir starten in Riffian und steigen durch Obstanlagen hinauf zum Riffianer Waalweg. Dort gehen wir in Richtung Kuens und steigen auf Steig 21 A durch Wald hinauf zum Gasthaus »Bergrast« im Weiler Gfeis (1187 m; ab Riffian gut 2 Std.).

Nach einer ersten Rast wandern wir über den Meraner Höhenweg Nr. 24 durch Wald und Wiesen in rund 20 Minuten weiter hinauf zum Walde-Hof auf 1310 m (Gasthaus). Auf Weg Nr. 24 A zuerst an einem Hof vorbei hinauf zum Wald. Wir durchqueren diesen mehr oder weniger eben bis zu den beiden Öbersthöfen, den höchsten Höfen des Bergweilers Vernuer (1387 m, Einkehrmöglichkeiten). Hier genießen wir, wie übrigens auch in ähnlicher Form an anderen Stellen der Wanderung, einen herrlichen Blick ins Passeiertal bis zum Jaufenpass sowie über Meran bis nach Lana mit Laugenspitze und Gantkofel im Hintergrund. Östlich erblicken wir die Berge Ifinger (2581 m), Plattinger (2673 m), Königspitze (2695 m) und Hirzer (2712 m).

Unser Abstieg folgt der Markierung 5 auf dem malerischen Kirchsteig, über die Höfe Hienderer und Prünster (1279 m) hinunter zur Kirche von Vernuer (1100 m). Weiterhin der Markierung 5 folgend in langem Abstieg durch Wald und Wiesen, vorbei am Bucherguthof zum Rösslsteig und über Köstenholz zurück zum Ausgangpunkt.

Tipps und besondere Hinweise: Bei dieser leichten, wenn auch etwas längeren Wanderung lernen wir sowohl die beiden einsamen Bergweiler Gfeis und Vernuer kennen als auch die alten, teilweise gepflasterten Wege, die jahrhundertelang die einzige Verbindung zum Tal darstellten und deshalb auch heute noch vom Leben des Bergbauern erzählen.

Oben: Viele Berghöfe haben neben der Landwirtschaft auch einen kleinen Ausschank. Es lohnt sich dort einzukehren.

Die Riffianer Bergbauernhöfe in den umliegenden Fraktionen Vernuer und Gfeis werden noch alle vom Bauern und seiner Familie bewirtschaftet.

AUSGANGSORT
Riffian/Hotel Zirmerhof (500 m)

AUF EINEN BLICK
Riffian - Gfeis - Vernuer - Riffian

HÖHENUNTERSCHIED
900 m

HÖCHSTE WEGSTELLE
Öbersthöfe in Vernuer (1387 m)

REINE GEHZEIT
5 Std.

WEGLÄNGE
ca. 10 km

SCHWIERIGKEIT
3-Bergschuh-Wanderung

WANDERKARTEN
Freytag & Berndt, Blatt S 1 (Bozen - Meran und Umgebung); Kompass, Blatt 53 (Meran)

Von Riffian nach Dorf und Schloss Tirol

Eine bequeme Halbtageswanderung

Wegbeschreibung: Wir wandern auf dem Valtnaunweg immer eben durch die Obstgüter und Weinberge nach Kuens (Einkehrmöglichkeiten, 592 m). Von da durch die Osthänge des Fineletales (unteres Spronser Tal) auf ebenem Weg hinein zum Finelebach. In leichtem Anstieg durch einen kleinen Wald in Richtung Seminar bzw. Schloss Auer und hinüber nach Dorf Tirol (596 m). Dort schlagen wir die Falkner-Promenade ein, die von verschiedenen exotischen Pflanzen gesäumt wird, kommen an der Falknerei vorbei (Flugschau und Besichtigung möglich!) und gelangen schließlich über den Schlossweg zum Schloss Tirol (647 m), dem mächtigen Stammschloss des Landes Tirol, erbaut im 12. Jahrhundert von den Grafen von Tirol. Nach der empfehlenswerten Schlossbesichtigung (Burg und landesgeschichtliche Ausstellung) geht es zurück über eine etwas höher verlaufende Route. Diese bringt uns mit den entsprechenden Beschilderungen auf großteils guten Wegen über das Farmerkreuz (Gasthaus, 816 m) zum Tiroler Kreuz (ebenfalls Gasthaus, 806 m) und nach der Querung des Fineletales zurück nach Kuens und nach Riffian.

Tipps und besondere Hinweise: Diese sehr leichte Wanderung auf weitgehend eben verlaufenden Wegen ist fast das ganze Jahr hindurch lohnend. Höhepunkt ist die Besichtigung von Schloss Tirol (romanische Skulpturen, zweigeschossige Schlosskapelle, landesgeschichtliche Ausstellung).

AUSGANGSORT
Riffian (504 m)

AUF EINEN BLICK
Riffian - Kuens - Dorf Tirol - Schloss Tirol - Kuens - Riffian

HÖHENUNTERSCHIED
ca. 300 m

HÖCHSTE WEGSTELLE
Farmerkreuz (816 m)

REINE GEHZEIT
ca. 3 Std.

WEGLÄNGE
ca. 7 km

SCHWIERIGKEIT
2-Bergschuh-Wanderung

WANDERKARTEN
Freytag & Berndt, Blatt S 1 (Bozen - Meran und Umgebung); Kompass, Blatt 53 (Meran)

Vom Gampenpass zur Laugenspitze

Alm-, See- und Gipfelwanderung

Wegbeschreibung: Fahrt mit dem Pkw über Lana zum Gampenpass (1518 m). Von dort wandern wir auf der Forststraße zur Laugenalm (1853 m; Gehzeit ab Gampenpass ca. 1 Std.). Hier bietet sich uns eine kurze Rastmöglichkeit. Dann steigen wir auf dem mit Nr. 10 markierten Steig durch den Wald hinauf zur Baumgrenze und genießen dort den herrlichen Blick ins Nonstal und zum Tschögglberg. Nach einer Stunde Gehzeit erreichen wir eine Weggabel in der Nähe des zwischen den beiden Laugenspitzen eingebetteten Laugensees (2182 m). Nicht Schwindelfreie gehen nun rechts zum genannten See und steigen über Grashänge, begleitet von Schafherden, in einer halben Stunde zur kleinen Laugenspitze auf (2297 m). Etwas geübtere Wanderer steigen hingegen, sich an der genannten Weggabel links haltend, über einen steilen und schottrigen Felspfad ebenfalls in 3/4 Stunde zur Großen Laugenspitze hinauf (2433 m).

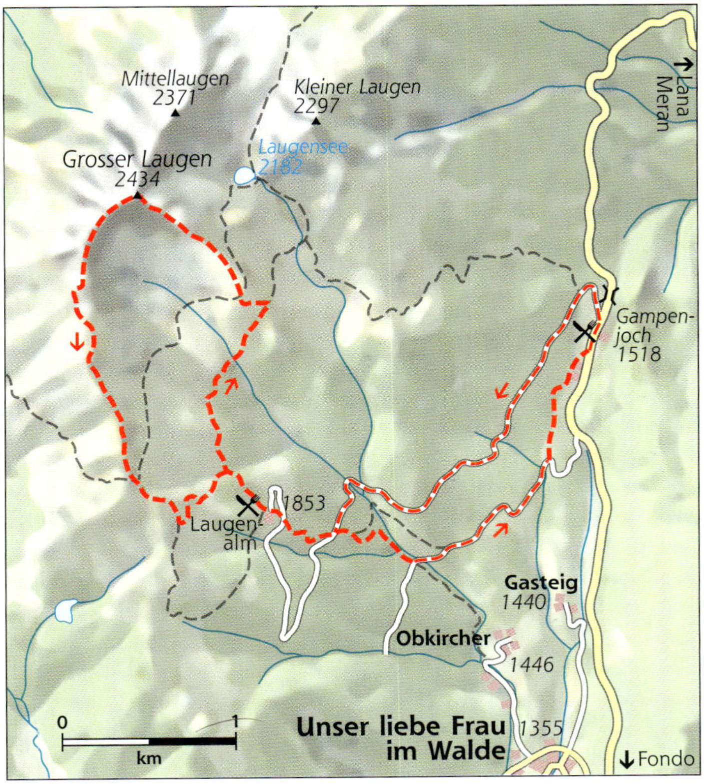

Wir können uns nun voller Stolz ins Gipfelbuch eintragen und den einmaligen Rundblick genießen. Der Laugen gilt als schönster Aussichtsberg im Raum Meran. Bei dunstlosem, klarem Wetter sieht man sogar bis zur Adria.

Über Almwiesen, die auf der Südseite des Berges bis zum Gipfel reichen, steigen wir ab bis zu den Alpenrosenfeldern und erreichen nach einer guten Stunde wieder die Laugenalm. Ab hier steigen wir über einen Waldsteig (Markierung 10) zum Gampenpass ab.

Tipps und besondere Hinweise: Die Besteigung der Großen Laugenspitze ist nicht schwierig, erfordert im Gipfelbereich aber doch etwas Übung im Begehen steiler felsiger Bergpfade. Der Aufstieg zur Laugenalm mit Einkehrmöglichkeit, weiter zum überaus hübschen Laugensee und evtl. zur Kleinen Laugenspitze ist hingegen in jeder Hinsicht leicht. Bergwanderbekleidung und festes Schuhwerk sind aber in jedem Fall unerlässlich.

AUSGANGSORT
Gampenpass (1518 m)

AUF EINEN BLICK
Gampenpass - Laugenalm - Laugensee - Laugenspitze

HÖHENUNTERSCHIED
915 m

HÖCHSTE WEGSTELLE
Große Laugenspitze (2434 m)

REINE GEHZEIT
4 – 5 Std.

WEGLÄNGE
ca. 8 km

SCHWIERIGKEIT
4-Bergschuh-Wanderung

WANDERKARTEN
Freytag & Berndt, Blatt S 1 (Bozen - Meran und Umgebung); Kompass, Blatt 53 (Meran)

Linke Seite: Das Schloss Tirol, Stammschloss des einstigen Landes Tirol, beherbergt heute dauerhaft die landesgeschichtliche Ausstellung.

Oben: Aufstieg zum Gipfel über die Scharte des Großen Laugen. Bei klarem Bergwetter genießt man eine Aussicht bis in die Poebene.

Der Laugensee, ein natürlicher Bergsee, wird rechts von der Kleinen und links von der Großen Laugenspitze eingerahmt.

8 Walten, Passeiertal

Hotel Jägerhof

HOTEL JÄGERHOF

Im kleinen, aber feinen Wanderhotel Jägerhof mit familiärer Atmosphäre heißt Sie Familie Augscheller gerne willkommen. Hier dreht sich alles ums Wandern und Genießen.
Das Hotel liegt auf einer Höhe von 1300 Meter. Die Höhenluft steigert das Wohlbefinden und bietet in Kombination mit der vitalen Genießerküche und der Wellnessoase ein Rundum-Verwöhnprogramm. Die Lage des Hauses ist optimal für Wandertouren. Direkt vor dem Haus beginnt das Naturerlebnis: Almen und Hochgebirgstouren für jeden Anspruch.
Der Jägerhof bietet Ihnen eine einzigartige Sonnenterrasse mit Panoramablick zu den Ötztaler und Sarntaler Alpen und zum Nationalpark Texelgruppe.

Genießer- und Wanderhotel Jägerhof ***
Familie Augscheller
Walten 80
I-39050 St. Leonhard im Passeiertal

Tel.: +39/0473/68 62 50
Fax: +39/0473/65 68 22
E-Mail: info@jagerhof.net
www.jagerhof.net

Das Passeiertal

Das zwischen Ötztaler und Stubaier Alpen eingebettete Passeiertal ist ein an Naturschönheiten reiches und noch weitgehend unberührtes Gebiet. Es umfasst alle alpinen Formenelemente von Talböden über Almen bis zum vergletscherten Hochgebirge. Außerdem prägen die ebenso schönen wie charakteristischen Berghöfe das Bild der Siedlungslandschaft. Lebendig und tief verankert sind Tradition und Brauchtum der Bewohner, sei es im alltäglichen Leben wie zu vielen besonderen Anlässen.
Das Angebot für Sport, Spiel und Spaß ist umfangreich: Über 400 km markierte Wanderwege, Kinderspielplätze, Trimm-Dich-Pfade, Radwege, diverse Sportmöglichkeiten, Museen, Kulturveranstaltungen und vieles mehr bieten jedem eine abwechslungsreiche Freizeitgestaltung.
Hoch über dem innersten Passeiertal liegt das Bergwerk am Schneeberg. Dort wurde seit dem 13. Jahrhundert der Abbau von Silber (später auch Blei und Zink) betrieben, der im 15. Jahrhundert seine höchste Blüte erreichte und erst 1969 stillgelegt wurde. St. Martin am Schneeberg, das höchstgelegene Knappendorf Europas (2355 m), ist noch in Teilen erhalten. Dort befindet sich eine Berggaststätte und ein kleines Bergbaumuseum. Außerdem kann das gesamte Bergwerk heute als Freilichtmuseum besucht werden.
St. Leonhard in Passeier (693 m, 20 km von Meran entfernt, 3500 Einwohner) ist der Hauptort des Tales. Idyllisch am Zusammenfluss von Passer und Waltner Bach gelegen, ist St. Leonhard ein moderner und zugleich bodenständiger Ferienort mit interessanten Infrastrukturen für eine vergnügliche Freizeitgestaltung. Zu den Sehenswürdigkeiten zählt der Franzosenfriedhof und das Geburtshaus des Tiroler Freiheitshelden Andreas Hofer (1767–1810) mit Talmuseum und Freilichtmuseum. Oberhalb von St. Leonhard befindet sich die weithin sichtbare, aus dem 13. Jahrhundert stammende Jaufenburg der einstigen Herren von Passeier.
Walten (1260 m, 380 Einwohner, 120 Gästebetten), ein kleines Dorf mit einer Reihe umliegender Bergbauernhöfe, liegt am sonnigen Südhang, zehn Kilometer von St. Leonhard entfernt. Die meisten Höfe in Walten wurden im 13. Jahrhundert erbaut. Walten ist ein idealer Ausgangspunkt für leichte und anspruchsvolle Bergwanderungen.
Ebenfalls aus dem 13. Jahrhundert stammen die bekannten elf Passeirer Schildhöfe, deren Besitzer dem Grafen von Tirol mit Ross, Speer und Schild dienten (daher der Name Schildhöfe) und dafür Adelsprivilegien erhielten. Etliche dieser Bauten sind noch als mittelalterliche Wohntürme oder jüngere Adelssitze erhalten.
Die Geschichte des von der Natur verwöhnten Passeiertales reicht in frühe prähistorische Zeit zurück, wie mittelsteinzeitliche, bronzezeitliche und eisen-

Das Dorf Pfelders im Passeiertal ist charakteristisch für die Landschaft und Schönheit dieses Tales.

zeitliche Funde verraten. Auch die Verbindung zwischen dem Passeiertal und dem oberen Eisacktal bestand schon früh und wirkte sich vorteilhaft auf die Wirtschaft des äußeren Tales aus.

Bekannt ist auch die Passeirer Malerschule (1719–1845) in St. Martin, wo zahlreiche Bilder und Fresken entstanden. Heute noch kann man alte Fresken an mehreren Häuserfassaden und am Malerhaus in St. Martin bewundern.

Der bekannteste Zeuge der Geschichte des Passeiertals ist Andreas Hofer. 1767 am Sandhof in St. Leonhard geboren, ging er als Tiroler Freiheitsheld im Kampf Tirols gegen Napoleon in die Geschichte ein. Er wurde von den Franzosen am 20. Februar 1810 in Mantua erschossen. Südtirol und insbesondere das Burggrafenamt gedenken an seinem Todestag mit Umzügen und Feiern dieses großen Freiheitskämpfers.

Winterwanderung zur einsamen Wannser Alm
Auf Trappers Spuren mit den Schneeschuhen durchs Wannser Tal

Wegbeschreibung: Vor dem Hotel Jägerhof schnallen wir unsere Schneeschuhe an. Nun wandern wir talwärts durch den verschneiten Hang bis zur Brücke beim Waltner Bach und dann an der linken Bachseite neben der Langlaufloipe (bitte nicht die gespurte Loipe zertreten) ostwärts bis zum Wannser Hof. Dort können wir uns ein wenig ausruhen und das 1822 erbaute, dem Hl. Johannes geweihte Kirchlein besichtigen. Nun wandern wir vom Kirchlein ostwärts über einen kurzen, steilen Anstieg durch das Wannser Tal. Anfangs zwischen Wald und Wiesen, dann durch freies Gelände, geht es großteils nur mäßig ansteigend hinauf zur romantisch gelegenen Wannser Alm (1641 m; im Winter nicht bewirtschaftet). Genießen wir die Ruhe, die unberührte und verschneite Naturlandschaft und verzehren die mitgebrachte Jause.

AUSGANGSORT
Walten/Jägerhof

AUF EINEN BLICK
Jägerhof - Wannser Hof - Wannser Tal - Wannser Alm - retour

HÖHENUNTERSCHIED
341 m

HÖCHSTE WEGSTELLE
Wannser Alm (1641 m)

REINE GEHZEIT
ca. 5 Std.

WEGLÄNGE
ca. 7 km

SCHWIERIGKEIT
3-Bergschuh-Wanderung

WANDERKARTEN
Freytag & Berndt, Blatt S 8 (Passeiertal); Kompass, Blatt 53 (Meran)

Oben: Die verschneite Winterlandschaft im Passeiertal lädt zu romantischen Winterspaziergängen ein.

Die Bauernhäuser in Walten erzählen Geschichten aus der Zeit des Freiheitskämpfers Andreas Hofer.

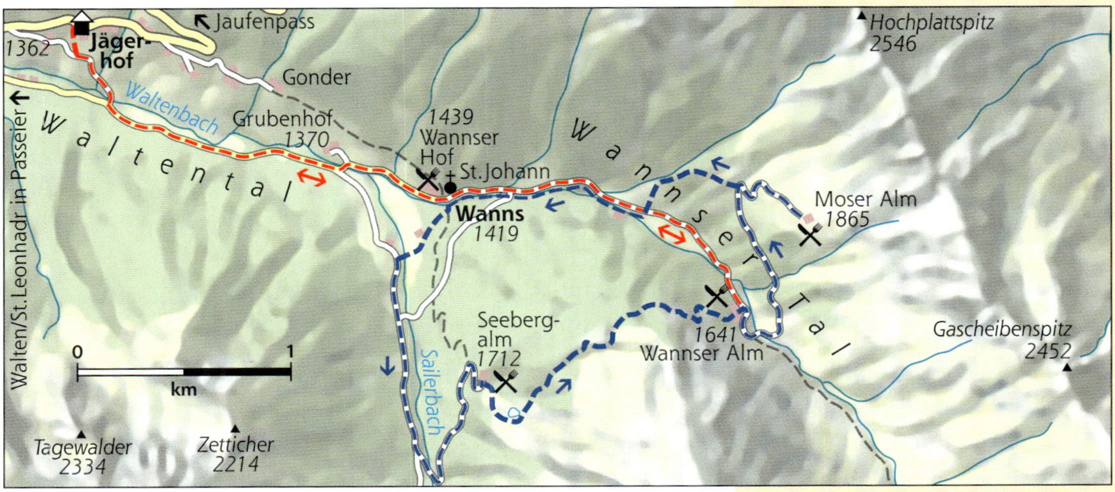

AUSGANGSORT
Walten/Jägerhof bzw. Kiosk-Kehre

AUF EINEN BLICK
Jägerhof - Kiosk-Kehre - Glaiten - Schlattach - Stuls - retour

HÖHENUNTERSCHIED
215 m

HÖCHSTE WEGSTELLE
Stuls (1315 m)

REINE GEHZEIT
2 1/2 – 3 Std.

WEGLÄNGE
ca. 4 1/2 km

SCHWIERIGKEIT
2-Bergschuh-Wanderung

WANDERKARTEN
Freytag & Berndt, Blatt S 8 (Passeiertal); Kompass, Blatt 53 (Meran)

Oben: Ausblick über Stuls im Passeiertal. Stuls ist eines der sonnenreichsten Dörfchen Südtirols, was sich an den saftigen Wiesen unschwer erkennen lässt.

Das St. Hypolitkirchlein oberhalb von St. Leonhard. Von hier genießt man einen grandiosen Ausblick über das gesamte Passeiertal.

Derselbe Weg führt uns schließlich wieder zurück zum Ausgangspunkt.
Tipps und besondere Hinweise: Diese Tour ist mittelschwer und erfordert bei Tiefschnee wegen der Länge und der Steigung gute Kondition. Wir empfehlen mit einem Führer zu gehen. In diesem Gelände ist Erfahrung notwendig. Bei bestimmten Wettereinflüssen besteht Lawinengefahr. Am Ziel gibt es keine Einkehrmöglichkeit. Empfohlene Ausrüstung: Komplette Wanderausrüstung und hohe Wanderschuhe, außerdem auch Sonnen- und Regenschutz, Tee oder Fruchtschorle, Proviant. Schneeschuhe und Wanderstöcke können Sie gerne im Hotel ausleihen.

Panoramaweg von Glaiten nach Stuls
Sehen und staunen

Wegbeschreibung: Wir fahren wir mit dem Auto oder mit dem Bus auf der Jaufenstraße rund drei Kilometer in Richtung St. Leonhard bis zum Kiosk in der Kehre (1075 m). Von dort folgen wir der Markierung 9. Gleich zu Beginn dieser Wanderung sehen wir rechts, rund hundert Meter höher, inmitten der Wiesen des Streuweilers Glaiten auf einem Hügel das Kirchlein St. Hippolyt, in dem sich wertvolle Fresken befinden (Besichtigung nur bei der wöchentlich geführten Kulturwanderung). Unser Weg Nr. 9 führt uns mit herrlicher Aussicht westwärts. Nach etwa einem Drittel der Wanderung gelangen wir auf den Europäischen Fernwanderweg E 5, auf dem wir bis nach Stuls weitergehen. Auf Halbweg liegt die kleine Siedlung Schlattach. Nach ca. 1 1/2 Stunden gelangen wir nach nach Stuls, einer Fraktion der Gemeinde Moos.
Der Rückweg zum Ausgangspunkt erfolgt auf dem beschriebenen Hinweg.
Tipps und besondere Hinweise: Bei dieser leichten Wanderung auf guten Wegen genießen wir den herrlichen Ausblick durch das ganze Passeiertal bis nach Meran. Diese Wanderung kann auch sehr gut als Halbtagswanderung durchgeführt werden. Dabei kann man für den Rückweg den Bus von Stuls nach Moos und weiter nach St. Leonhard nehmen. Als Einkehrmöglichkeiten gibt es mehrere Gastbetriebe in Stuls.
Das schmucke Örtchen Stuls ist das sonnenreichste Dorf Südtirols. Hier

stürzt sich auch der dritthöchste Wasserfall Europas in die Tiefe. Empfohlene Ausrüstung: Normale Wanderbekleidung, solide Wanderschuhe, Sonnen- und Regenschutz, Tee oder Fruchtschorle.

Von Alm zu Alm über den Jägersteig
Eine der schönsten Alpenrosen-Wanderungen

Wegbeschreibung: Vom Wannser Hof (1410 m) folgen wir der Markierung 12 in leichter Steigung auf breitem Weg durch das einsame Sailertal hinauf. Hier blühen die ersten Alpenrosen. Nach ca. 20 Minuten biegen wir bei der Weggabel links ab, wandern über den Bach zur idyllisch gelegenen Seebergalm (Ausschank). Weiter geht es zum nahen Seebergsee, dem richtigen Platz zum Entspannen. Genießen Sie hier die einzigartige Ruhe inmitten von Alpenrosen und weidenden Kühen. Gerade vor uns sehen wir die Seebergspitze. Von hier aus geht es nordostwärts über den bewaldeten Höhenrücken zum Jägersteig (Nr. 14). Dieser führt später mit vielen Stufen durch sehr steiles Gelände hinunter zur Wannser Alm (1641 m), wo es würzigen Graukäse und frische Milch gibt. Über einen bequemen Fahrweg gelangen wir zur malerisch gelegenen Moseralm (1865 m, Ausschank). Diese liegt auf einer Geländeterrasse hoch über dem Wannser Tal und bietet eine herrliche Aussicht durch das Waltental, auf den Jaufenpass und die Ötztaler Alpen.
Abstieg: Von der Alm wandern wir auf dem markiertem Fußpfad ziemlich steil hinunter ins Wannser Tal und auf dem breiten Weg weiter hinaus zum Wannser Hof.
Tipps und besondere Hinweise: Mittelschwere Wanderung, der steile Jägersteig ist gut gesichert, nach ausgiebigen Regenfällen wegen rutschiger Stellen jedoch nicht zu empfehlen! Ausrüstung: Wanderbekleidung, rutschfeste Wanderschuhe, Sonnen- und Regenschutz, Getränk sowie ein Fernglas zum Beobachten von Gämsen. Bei dieser Wanderung bieten sich zahlreiche Einkehrmöglichkeiten.

Oben: Der Seebergsee mit kristallklarem Wasser. Ringsherum strahlt ein Teppich von Alpenrosen.

Die Wanderung bietet zahlreiche Einkehrmöglichkeiten in typisch ländlichen Gaststätten.

AUSGANGSORT
Wannser Hof (1410 m)

AUF EINEN BLICK
Wannser Hof - Seebergalm - Seebergsee - Jägersteig - Wannser Alm - Moseralm - Wannser Hof

HÖHENUNTERSCHIED
565 m

HÖCHSTE WEGSTELLE
Moseralm (1865 m)

REINE GEHZEIT
ca. 5 Std.

WEGLÄNGE
ca. 9 km

SCHWIERIGKEIT
3-Bergschuh-Wanderung

WANDERKARTEN
Freytag & Berndt, Blatt S 8 (Passeiertal); Kompass, Blatt 53 (Meran)

9 St. Nikolaus, Ultental
Erlebnishotel & Spa Waltershof

ERLEBNISHOTEL & SPA WALTERSHOF

Umgeben von der malerischen Kulisse von St. Nikolaus, wo bäuerliche Kultur lebt und man Tradition auf Schritt und Tritt begegnet, liegt das Erlebnishotel Waltershof. Das idyllische Naturparadies Ultental bietet die besten Möglichkeiten, überraschungsreiche Wanderungen zu den entlegensten und schönsten Plätzen des Tales zu unternehmen. Im Waltershof lassen Gaumenfreuden und eine wahre Vielfalt an Weinen die Feinschmeckerherzen höher schlagen. Der Entspannungs- und Spabereich »Gsunde Alm« und »Ultner Badln« verzaubern jeden Urlaubstag nach dem Motto »Man soll dem Leib etwas Gutes bieten, damit die Seele Lust hat darin zu wohnen!«

Erlebnishotel & Spa Waltershof****
Familie Holzner
I-39010 St. Nikolaus/Ultental

Tel.: +39/0473/79 01 44
Fax: +39/0473/79 03 87
E-Mail: waltershof@rolmail.net
www.waltershof.com

Die alten Höfe im Ultental zeigen den Charakter des gesamten Tales. Die Häuser sind fast zur Gänze aus Holz gebaut und die Dächer mit »Schindeln« gedeckt.

Das Ultental

Das Ultental ist das bedeutendste Tal auf der rechten Seite des Oberlaufes der Etsch zwischen Reschen und Salurner Klause. Es nimmt seinen Anfang bei Lana und erstreckt sich, fast parallel zum Vinschgau hin, bis zu den östlichen Ausläufern der Ortlerberge. Auf einer Gesamtlänge von ungefähr 50 Kilometern durchläuft es dabei alle Vegetationsstufen: Von den Weinbergen und Kastanien bis zu den Hochalpen und zur Eisregion der Ferner. Im östlichen, schluchtartigen Abschnitt des Tals liegt St. Pankraz mit der nahen Burg Eschenlohe. Nach dem Hauptort St. Walburg, in dessen Nähe sich der Zoggler-Stausee ausbreitet, ändert das Tal seinen Charakter. Es wird zunehmend freundlicher, lieblicher und idyllischer.

Das Dorf St. Nikolaus (1256 m) liegt abseits der Hauptstraße am Sonnenhang. Man kann ruhig sagen, dass es von allen Ortschaften des Tales das anmutigste und schmuckste ist. Majestätisch steht die gotische Kirche, die 1338 erstmals urkundlich erwähnt wird, mit ihrem schlanken Turm inmitten des Dorfes. Von der steilen Anhöhe grüßt der Thurnerhof herunter. Dort befinden sich Reste eines alten Wehrturms mit geheimnisvollen Steinbildern an der Mauer.

Gegenüber der drei Schwienbacher Höfe können wir das Ultner Talmuseum (im Winter geschlossen) besichtigen, ein Bilderbuch der Kulturgeschichte des Tales, in dem bäuerliches Kulturgut und Volkskunstwerke erhalten, bewahrt und geschützt werden.

Von St. Nikolaus führt eine Straße hinauf zum Bergweiler Grubberg mit einer ganzen Reihe von sonnengebräunten, in der typischen Ultner Holzbauweise errichteten Paarhöfen. Von dort geht es weiter zum Höhenkirchlein St. Moritz mit ein paar schindelgedeckten Behausungen in der Nähe. Das Ganze liegt auf 1640 m Höhe und bietet auch Einkehrmöglichkeit. Man sagt, St. Moritz sei die älteste Kirche des Tales. Dies steht in Zusammenhang mit dem uralten Saumweg, der vom Nonstal durch das Einertal und am Kirchlein vorbei nach Tschar im Vinschgau führt.

Über Kofelrast zum Hohen Dieb
Almen, Seen und ein Gipfel

Wegbeschreibung: Mit dem Auto erreichen wir von Kuppelwies aus die Jausenstation Steinrast auf 1800 m. Von dort folgen wir dem Hinweisschild »Kofelraster Seen« und der Markierung Nr. 13 durch Wald und Bergwiesen bis zum Kofelraster Bach.

Der Steig mündet in Weg Nr. 4, auf dem wir zum weiten Weidegelände der Kofelraster Almen mit einer neuen Hirtenhütte ansteigen. Auf der nächst höheren Talstufe erreichen wir den ersten Kofelraster See (320x100 m) und wenig später den zweiten, in seiner Felsumrahmung besonders weltabgeschieden wirkenden See (200x160 m). Um den aussichtsreichen Gipfel des Hohen Dieb zu erreichen, steigt man vom unteren See auf markierter Route über die Hänge westwärts hinauf bis zum Kreuz (2730 m). Dort genießt man das Panorama auf die Ultner Berge bis hin zu den Ötztaler Alpen mit der Texelgruppe und am südlichen Horizont bis zu den Dolomiten.

Den Abstieg wählen wir von den Kofelraster Seen, der Markierung 4 folgend, zur Riemerbergl Alm. Diese ist eine der malerischsten Almen im Tal. Die märchenhafte Hexenhütte mit ihrem neuen Anbau bietet auch einer größeren Gruppe liebevolle Bewirtung und Unterschlupf. Der weitere Ab-

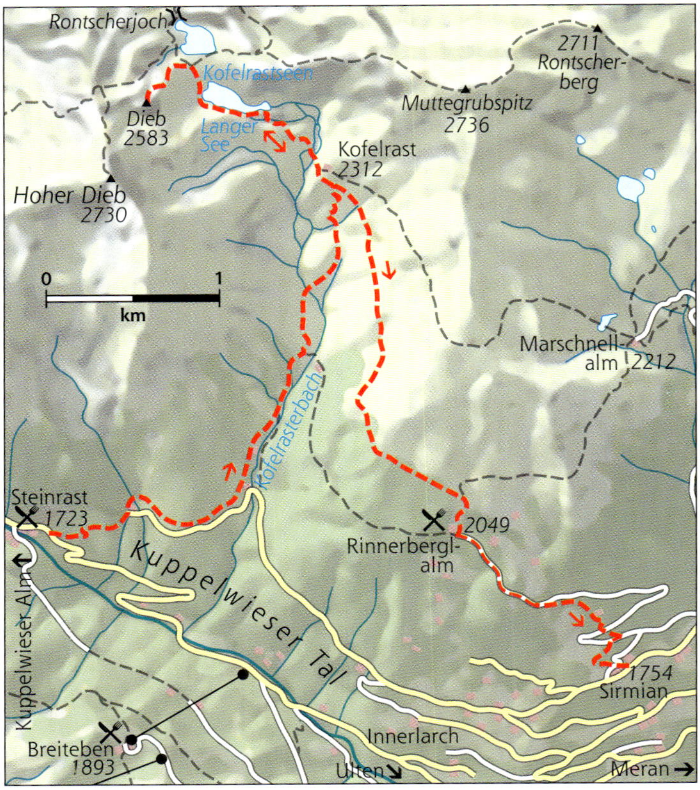

AUSGANGSORT
Steinrast (1800 m)

AUF EINEN BLICK
Steinrast - Kofelraster Almen - Kofelraster Seen - Hoher Dieb - Kofelraster Seen - Riemerbergl-Alm - Simianhof - Kuppelwies

HÖHENUNTERSCHIED
950 m

HÖCHSTE WEGSTELLE
Hoher Dieb (2730 m)

REINE GEHZEIT
Aufstieg 3 1/2 Std., Abstieg 3 Std.

WEGLÄNGE
ca. 15 km

SCHWIERIGKEIT
4-Bergschuh-Wanderung

WANDERKARTEN
Freytag & Berndt, Blatt S 13 (Ultental); Kompass, Blatt 72 (Ortler - Cevedale)

***Oben:** Die Höfe liegen oftmals inmitten satter, grüner Almwiesen. Vor dem Haus kann man mancherorts sogar noch einen alten Brunnen bewundern, der früher die einzige Wasserversorgungsquelle war.*

Blick von den Ultner Gipfeln talauswärts in Richtung Lana.

AUSGANGSORT
St. Nikolaus (1260 m)

AUF EINEN BLICK
St. Nikolaus - Urlärchen - St. Gertraud

HÖHENUNTERSCHIED
250 m

HÖCHSTE WEGSTELLE
St. Gertraud (1500 m)

REINE GEHZEIT
2 1/2 Std.

WEGLÄNGE
ca. 6 km

SCHWIERIGKEIT
2-Bergschuh-Wanderung

WANDERKARTEN
Freytag & Berndt, Blatt S 13 (Ultental); Kompass, Blatt 72 (Ortler - Cevedale)

stieg führt durch blumenübersäte Bergwiesen hinab zum Sirmianhof auf Larcherberg, der durch eine Zufahrtsstraße mit Kuppelwies verbunden ist. Tipps und besondere Hinweise: Prächtige, ziemlich leichte, aber etwas lange Bergwanderung. Beste Jahreszeit: Juni bis Oktober.

Zu den Ultner Urlärchen
Eine hübsche Wanderung nicht nur für Naturfreunde

Wegbeschreibung: Wir überqueren in St. Nikolaus (1260 m) mit einer Holzbrücke die Falschauer und biegen anschließend gleich rechts ab zu den Nörderhöfen. Wir wandern den Fluss entlang weiter taleinwärts. Linker Hand sehen wir eine für Ulten untypische Baulichkeit, die Villa Hartungen. Sie ist ein stattliches Holzhaus im Jugendstil, das um die Jahrhundertwende von einem fortschrittlichen deutschen Arzt als Sanatorium errichtet wurde.

Nach kurzem, steilem Anstieg erreichen wir den Klapfbergfall, den mächtigsten Wasserfall des Ultentales. Vor uns breitet sich die Kulisse des Talschlusses aus. Mit den Gletschern im Hintergrund und den weiten Sonnenhängen im Vordergrund, auf denen die höchstgelegenen uralten Bauernhöfe thronen, bietet sich uns ein mächtiges Naturschauspiel.

Schließlich stehen wir andächtig vor dem wohl beeindruckendsten Baum-Naturdenkmal unserer Heimat, den über 2000-jährigen Ultner Urlärchen. Der dickste der drei noch lebenden Riesen hat einen Umfang von fast 8 1/2 m und eine stattliche Höhe von fast 30 m.

Nach einer nicht anstrengenden, einstündigen Wanderung erreichen wir das letzte Ultner Dorf St. Gertraud (1500 m) mit verschiedenen Einkehrmöglichkeiten, sowohl an der Talstraße als auch auf dem malerischen Kirchbühel. Als Rundwanderung bietet sich der Rückmarsch über die Sonnenseite, vorbei an der Buschenschenke »Oberkropfen«, zurück nach St. Nikolaus.

Tipps und besondere Hinweise: Beste Jahreszeit: Mai bis Anfang November.

Oben: Kleiner Bergsee inmitten von Nadelwald. Diesen idyllischen Anblick bietet uns das Ultental öfters, es zählt zu den wasserreichsten Tälern Südtirols.

Das Dorf St. Nikolaus, das sich an der Straße durchs Ultental entlang zieht. Ein Wanderparadies inmitten von Almwiesen und Bauernhöfen.

Der Ultner Höfeweg
Winterwanderung von Kuppelwies nach St. Gertraud

Wegbeschreibung: Von Kuppelwies am Zoggler Stausee (1153 m) kurz auf der Straße taleinwärts. Dann biegen wir rechts ab zum Gehöft Unter- und Ober-

hof (1196 m), eine uralte Höfegruppe mit wuchtigen Scheunen und einem erkergeschmückten Wohnhaus.
Wir wandern vorbei an Bildstöcken und Wegkreuzen, weiter auf dem alten Fuhrweg. Früher war dies die einzige Verbindung des Hauptortes mit Hinterulten. Er wird gesäumt von bemoosten Natursteinmauern und den typischen Ultner Holzzäunen, hinter denen knorrige Erlenstämme ihre Arme in die Winterlandschaft strecken. Die Waldhänge der gegenüberliegenden Talseite werden von den Einschnitten verschiedener Seitentäler durchbrochen: Einertal, Auerbergtal, Klapfberg- und Kirchbergtal.
Unser Weg führt bequem weiter zum Gehöft Eben, dann durchwandern wir die Teisenhöfe und erreichen am Außergraberhof die erste Einkehrmöglichkeit, eine Hofschenke mit gemütlicher Stube aus dem 18. Jahrhundert (1378 m). Bei St. Nikolaus fügen sich die drei Schwienbacherhöfe überaus harmonisch in das Landschaftsbild ein. Oberhalb der Pfarrkirche setzen wir unseren Weg fort, vorbei an der Johann-von-Nepomuk-Kapelle, die zum Schutz vor dem Mesnerbach errichtet wurde, der 1789 das Dorf überschwemmte. Durch dichten Fichtenwald geht es weiter taleinwärts zu den Höfen Gasteig, Gschöra und Kropfen (ca. 1450 m; Ausschank nur im Sommer). Nachdem wir Gannen passiert haben, steigen wir hinauf zur Kirche von St. Gertraud (nahebei Einkehrmöglichkeit; 1519 m).
Rückkehr zum Ausgangspunkt: mit Bus oder anderer Fahrgelegenheit.
Tipps und besondere Hinweise: Diese Wanderung führt durchschnittlich rund 100 Meter über der Talsohle immer durch die sonnseitigen Hänge von Innerulten taleinwärts zum innersten Dorf. Der Weg verläuft größtenteils eben über alte Hangwege und auch geteerten Höfezufahrten.

AUSGANGSORT
Kuppelwies

AUF EINEN BLICK
Höfewanderung Kuppelwies - St. Nikolaus - St. Gertraud

HÖHENUNTERSCHIED
366 m

HÖCHSTE WEGSTELLE
St. Gertraud (1519 m)

REINE GEHZEIT
2 1/2 – 3 Std.

WEGLÄNGE
ca. 8 km

SCHWIERIGKEIT
2-Bergschuh-Wanderung

WANDERKARTEN
Freytag & Berndt, Blatt S 13 (Ultental); Kompass, Blatt 72 (Ortler - Cevedale)

Oben: Die Ultner Urlerchen mit ihrer 2000-jährigen Geschichte sind beeindruckende Naturdenkmäler.

Das Ultental ist ein angenehmer Erholungsort.

10 Ritten, Bozen und Umgebung
Wanderhotel Regina

WANDERHOTEL REGINA

Das Wanderhotel Regina liegt im Ortszentrum von Oberbozen mit atemberaubenden Blick auf die Dolomiten. Es ist ein idealer Ausgangspunkt, um Wanderungen im zukünftigen Naturpark »Sarntaler Alpen« oder auch auf den Höhenwegen in den nahegelegenen Dolomiten zu machen.
Das Verwöhnprogramm bietet abwechslungsreiche Leckerbissen:
Vom großzügigen Frühstücksbuffet zum Sonntagsfrühstück mit Lachs und Sekt, vom fünf-gängigen Abendmenü zu diversen Spezialitäten, wie Löwenzahngerichte, Spargel, Grillabenden, Pilzgerichten, Wildspezialitäten und Törggeleabendschmaus.

Wanderhotel Regina***
Familie Klaus Unterhofer
I-39059 Oberbozen

Tel.: +39/0473/34 51 42
Fax: +39/0473/34 55 96
E-Mail: hotel.regina@dnet.it
www.hotel-regina.it

Oben: Das Dorf Unterinn mit seinem idyllischen Flair. Im Hintergrund das Schlernmassiv.

Die Terrasse von Bad Süß als Aussichtsplattform; wiederum mit Blick auf das Schlernmassiv

Der Ritten

Der sanfte Höhenrücken des Rittens zwischen Eisack und Sarntal ist der Sonnenberg der Südtiroler Landeshauptstadt Bozen und ein jahrhundertealtes Sommerfrischegebiet der Bozner Patrizier. Das Hochplateau ist ein Paradies für Blumenfreunde. Die unberührte Natur- und Kulturlandschaft reicht von den Weinbergen bei St. Magdalena bis hinauf zu den Almen am Rittner Horn (2200 m), das als schönster Aussichtsberg Südtirols gerühmt wird: Mit einem freien 360-Grad-Rundblick erspäht man 40 Dreitausender.
Das bezaubernde Rittner Nostalgiebähnchen führt seit 1907 in die Nähe der Erdpyramiden und bietet ein einzigartiges Dolomitenpanorama. Die zahlreichen Gastbetriebe des Rittens warten mit diversen kulinarischen Köstlichkeiten auf.
Die Zufahrt zum Ritten ist eine weit ausholende, durch Weinberge, Wälder und Wiesen führende Panoramastraße. Sie beginnt in Rentsch bei Bozen und erreicht wenig später eine wichtige Straßengabel: Links führt die Panoramastraße über den idyllischen Gasterer Weiher zum Wolfsgrubner See mit dem nahen Bienenmuseum, weiter zum stattlichen Dorf Oberbozen und schließlich zum kleinen, aber feinen Sommerfrischeort Maria Himmelfahrt, dem westlichen Endpunkt der Schmalspurbahn. Zweigt man bei der erwähnten Straßengabel rechts ab, so erreichen wir über die weiterführende Höhenstraße Klobenstein. Hier befinden wir uns im Hauptdorf des Rittens, am östlichen Endpunkt der Rittner Schmalspurbahn. Von Klobenstein führt die Straße weiter zur nahen Siedlung Lengmoos mit der Deutschordenskommende und dann, vorbei an den berühmten Erdpyramiden, zum nordöstlichsten Rittner Dorf, nämlich Unterinn.
Fährt man in Klobenstein bergwärts und zweigt bei dieser Weggabel links ab, erreicht man das bereits dem Sarntal zugewandte Dorf Wangen, von wo die Straße ins Sarntal absinkt. Fahren wir jedoch bei der Weggabelung in Klobenstein geradeaus, so kommen wir zur Streusiedlung Pemmern mit der Talstation der Rittner-Horn-Bahn (im Winter Skigebiet) und schließlich zum einzigartigen Bergdörfchen Gissmann.

Dieser Überblick zeigt, welch ausgedehnte, vielfältige Höhenlandschaft der Ritten ist, und man kann erahnen, warum diese Landschaft zu den schönsten Gebieten Südtirols zählt. Dass ein solches Gebiet ein wahres Wanderparadies ist, versteht sich wahrscheinlich von selbst.

Von Oberbozen nach Klobenstein
Der schönste Kastanienweg am Ritten

Wegbeschreibung: Von Oberbozen folgen wir zuerst der blauen Markierung 23 und dann 23 a. Wir gelangen vor dem Buchhütterhof auf einer großen Wiese rechts hinunter zur asphaltierten Straße und gehen diese rund 200 Meter entlang, bis links der Weg 31 b abzweigt. Dieser verschmälert sich stark und führt als »Bauernjugendsteig« zum Patschunerhof (996 m, Einkehrmöglichkeit). Hier sehen wir viele Pfaue, deren Federn für die Federkielstickerei verwendet werden. In der Nähe des Hofes befindet sich eine Rastbank mit schöner Aussicht auf Bozen. Wir wandern über den Signater Kirchsteig 31 a hinunter nach Unterinn (911 m; ab Oberbozen 2 Std.). Zu empfehlen ist eine Besichtigung der Pfarrkirche zur Hl. Luzia. Oberhalb der Kirche führt der Weg, der rot mit Erdpyramidenschildern markiert ist, weiter durch Apfelplantagen an den weißen Erdpyramiden vorbei. Es folgt nun ein etwas steiler, anspruchsvoller Steig bis zum Rielingerhof (776 m; ab Unterinn 1 Std.). Dies ist ein traditioneller Buschenschank mit hausgemachtem Käse, Speck und Wein (Montag Ruhetag). Der Bauer Heinl weiß oft Lustiges zu erzählen.

Der Aufstieg nach Siffian (998 m) über die rote Markierung 11 ist zu empfehlen, genauso wie die Besichtigung der restaurierten Peterskirche (Schlüssel am Bauernhof nebenan erhältlich). Schließlich wandern wir Markierung 11 (rot) oder Markierung 340 (blau) entlang hinauf nach Klobenstein (1188 m; ab Rielinger 1 $^1/_2$ Std.).

Für die Rückfahrt ist das Bähnchen nach Oberbozen sehr zu empfehlen (oder zu Fuß der blauen Markierung 1 oder 8 folgend in 1 $^1/_2$ Std.).

Tipps und besondere Hinweise: Diese lange Wanderung ist an besonders heißen Tagen oder nach einem Regentag nicht zu empfehlen, da teilweise Trittsicherheit erforderlich ist. Die Wege sind bei Nässe streckenweise sehr rutschig.

Die Rittner Erdpyramiden sind eine geologische Besonderheit. In der Eiszeit lagerten Gletscher hier Moränenmaterial ab.

AUSGANGSORT
Oberbozen (1200 m)

AUF EINEN BLICK
Oberbozen - Signat - Unterinn - Rielinger - Siffian - Klobenstein

HÖHENUNTERSCHIED
600 m

HÖCHSTE WEGSTELLE
Oberbozen (1200 m)

REINE GEHZEIT
6 $^1/_2$ Std.

WEGLÄNGE
ca. 16 km

SCHWIERIGKEIT
4-Bergschuh-Wanderung

WANDERKARTEN
Freytag & Berndt, Blatt S 1 (Bozen - Meran und Umgebung); Kompass, Blatt 54 (Bozen)

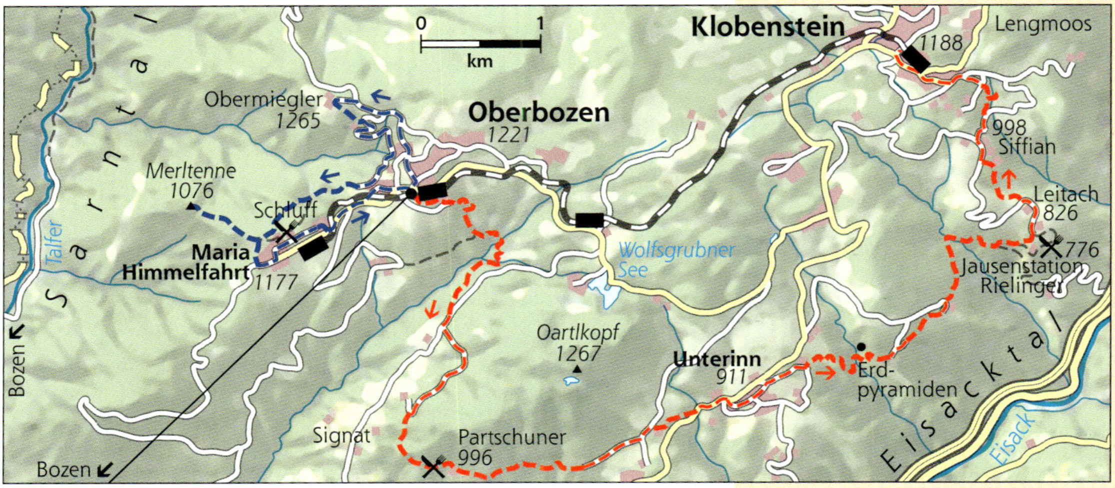

AUSGANGSORT
Oberbozen

AUF EINEN BLICK
Oberbozen - Miglereck - Merltennen - Maria Himmelfahrt - Oberbozen

HÖHENUNTERSCHIED
100 m

HÖCHSTE WEGSTELLE
Miglerhof (1265 m)

REINE GEHZEIT
2 1/2 Std.

WEGLÄNGE
5 km

SCHWIERIGKEIT
2-Bergschuh-Wanderung

WANDERKARTEN
Freytag & Berndt, Blatt S 1 (Bozen - Meran und Umgebung); Kompass, Blatt 54 (Bozen)

Oben: Vom Migghof hat man einen herrlichen Blick auf den Mandelkamm, die Ortlergruppe, den Meranerberg und die Ötztaler Alpen.

Ein schönes, altes Sommerfrischehaus einer Bozner Patrizierfamilie mit der St. Magdalenakirche.

Nach Maria Himmelfahrt
Zum Sommerfrischeort der Bozner Patrizierfamilien

Wegbeschreibung: Vom Dorfplatz beim Geschäft »Marlen« der roten Markierung 2 folgend bis zum Zagglermoos. Hier dem Schild »Miglerhof« folgend zum Hof Obermiegler (1265 m, 1/2 Std.) mit dem wunderschönen Panoramblick auf die Berge im Westen: Mendelkamm, Ortlergruppe, Meraner Berge, Ötztaler Alpen.

Wir wandern weiter entlang der Markierung 4 f durch das so genannte Fuchsloch am Rande von Oberbozen und gelangen über die Markierung 4 durch Alpenrosenhaine zum Aussichtspunkt Merltennen mit hölzernem Pavillon. Hier bietet sich uns ein schöner Ausblick auf Bozen, Gries, Jenesien, ins Bozner Unterland sowie nach Eppan und Kaltern. Im Tal erblicken wir die Burgen Runkelstein und Ried und auf der Anhöhe Schloss Rafenstein bei Jenesien.

Der Rückweg erfolgt wiederum ein Stück über den Weg 4 und dann der blauen Markierung 4 e folgend in einer schöner Waldwanderung zurück nach Maria Himmelfahrt (1177 m; ab Oberbozen 2 Std.).

Schließlich gelangen wir über die Promenade mit der blauen Markierung 3 retour nach Oberbozen.

Tipps und besondere Hinweise: Beachten Sie bei dieser schönen und leichten Rundwanderung die prächtigen alten Häuser und Lindenalleen in Maria Himmelfahrt. Die Wanderung weist an sich zwar keine Orientierungsprobleme auf, das dichte Wegnetz erfordert aber doch etwas Achtsamkeit.

Bad Süß, das einstige Kurbad am Ritten
Rundwanderung mit herrlichem Dolomitenblick

Wegbeschreibung: Von Oberbozen (1221 m) der roten Markierung 6 folgend durch Wälder und Wiesen Richtung Nordosten in leichter Ansteigung nach Riggermoos (1320 m). Der Weg 6 führt uns weiter zum Gasthaus Tann (1488 m; ab Oberbozen ca. 2 Std.).

Wir folgen weiter der roten Markierung 8 nahezu eben durch Wald ostwärts nach Bad Süß (1434 m; ca. $^1/_2$ Stunde, große Terrasse mit wunderbarem Panorama auf die Dolomiten). Direkt bei der Terrasse beginnt die rote Markierung 3a und führt über einen schönen Wiesenweg hinunter zur Finsterbachbrücke westlich von Maria Saal (ca. 1180 m; alte Holzbrücke; ab Bad Süß 1 Std.). Von dort queren wir über den Erdpyramidenweg mit Markierung 24 südwestwärts hinüber nach Klobenstein (1154 m; ab Maria Saal 1 Std.). Hier werden wir mit prächtigen Ausblicken zu den berühmten Rittner Erdpyramiden mit den Dolomiten im Hintergrund belohnt. Die Rückkehr nach Oberbozen erfolgt mit dem Bähnchen (oder zu Fuß entlang der Markierung 1 oder 8).

Tipps und besondere Hinweise: Diese Rundwanderung führt durch ausgedehnte Wälder und Wiesen; sie ist leicht, die Wege sind gut markiert und beschildert. Die Tour verlangt allerdings eine gewisse Gehtüchtigkeit.

Bad Süß, das 1778 als Siesenguet aufscheint, ist ein altes »Bauernbadl«. Anstelle einer früher einfachen Badehütte wurde um 1867 vom damaligen Besitzer Peter Profanser das Badgasthaus und das neugotische Kirchlein erbaut, und 1943 wurde das Heilwasser auch einer eingehenden Laboranalyse unterzogen.

AUSGANGSORT
Oberbozen/Wanderhotel Regina

AUF EINEN BLICK
Oberbozen - Riggermoos - Tann - Bad Süß - Maria Saal - Klobenstein - Oberbozen

HÖHENUNTERSCHIED
300 m

HÖCHSTE WEGSTELLE
Gasthaus Tann (1488 m)

REINE GEHZEIT
6 Std.

WEGLÄNGE
20 km

SCHWIERIGKEIT
3-Bergschuh-Wanderung

WANDERKARTEN
Freytag & Berndt, Blatt S 1 (Bozen - Meran und Umgebung); Kompass, Blatt 54 (Bozen)

Die Fraktion Mittelberg am Ritten, wo auch die bekannten Erdpyramiden zu finden sind, mit Blick nach Maria Saal.

11 Welschnofen, Dolomiten
Wanderhotel Seehauser

WANDERHOTEL SEEHAUSER

Durch die wildromantische Eggentalerschlucht gelangen Sie nach Welschnofen, das inmitten der Dolomiten am Fuße von Rosengarten und Latemar liegt. Hier finden Sie in sonniger, ruhiger Lage das neu umgebaute Hotel Seehauser, einen Traditionsbetrieb, der seit 50 Jahren mit viel Liebe von der Familie geführt wird.
Aktiv-Urlaub ist das Motto des Hauses. Besonders beliebt sind die geführten Wander-, Berg- und Radtouren mit dem Juniorchef Ludwig, der Ihnen die faszinierende Bergwelt und die einzigartige Natur unseres Feriengebietes zeigt.
Den aktiven Tag lässt man am besten abends bei einem guten Tropfen Wein und bei internationalen Spezialitäten oder auch mit heimischen Schmankerln ausklingen. Ein wundervolles Bild bietet dabei der Blick auf den Rosengarten, der im Schein der untergehenden Sonne glüht.

Wanderhotel Seehauser ***
Familie Ludwig & Monika Seehauser
Rosengartenstraße 17
I-39056 Welschnofen/Südtirol

Tel.: +39/0471/61 32 35
Fax: +39/0471/61 35 24
E-Mail: info@seehauser.com
www.seehauser.com

Welschnofen

Der Strecke Bozen-Welschnofen-Karer Pass kommt im Dolomiten-Straßennetz eine Schlüsselstellung zu.
Das Eggental erhielt als erstes aller zum Eisacktal mündenden Dolomitentäler eine Straße, schleuste somit also schon die frühen Reisenden hinauf nach Welschnofen. Das Höhendorf liegt nur 20 Kilometer vom Karer See und vom Karer Pass entfernt.
War die Eggentaler Straße am Anfang nur ein schmaler Fahrweg zum Wohle der Einheimischen, so diente die 1895 realisierte Weiterführung zum Karer Pass in erster Linie schon dem Tourismus, der zum nahen Rosengarten und Latemar ausschwärmte.
Welschnofen ist der Hauptort der gleichnamigen Gemeinde, der auch das weite Gebiet unterhalb des Karer Passes sowie die schönen Almböden und dichten Forste unter dem Latemar und Rosengarten umfasst.
Erstmals wird Welschnofen im Jahre 1140 erwähnt. Funde von Feuersteingeräten an der Waldgrenze unterhalb des Rosengartens deuten jedoch darauf hin, dass bereits in der Kulturperiode zwischen dem Neolithikum und der Bronzezeit Jäger und Sammler dieses Gebiet durchstreift haben. Im Laufe der Jahrhunderte errichteten Hirten aus dem Fassatal auf ihren Sommerweiden ganzjährig bewirtschaftete Hofstätten und rodeten den Wald immer weiter ins Tal hinab. Allmählich bildete sich eine neue Siedlung, die von den damaligen Bewohnern als Nova bezeichnet wurde, was soviel heißt wie Neuland.
Da die ansässigen Einwohner rätoromanisch sprachen und die neu angekommenen bajuwarischen Siedler deren Sprache nicht verstanden, entstand daraus die Ortsbezeichnung Welisch-Nove, Welschnofen. Welisch oder welsch bedeutet: die fremde, unverständliche Sprache.
Die meisten Weganlagen waren schon vor dem Ersten Weltkrieg entstanden. Seither erfolgte manche Neuanlage und Wegverbesserung.
Welschnofen kann auch im Winter mit Naturschönheiten aufwarten: Der ausgedehnteDorfbereich und insbesondere das Gebiet um den Karer Pass und Obereggen sind dann ein einziges Schnee- und Skiparadies, das auch zum Winter- und Schneeschuhwandern einlädt.
Schon Kaiserin Elisabeth von Österreich verbrachte mehrere Urlaube im Grandhotel Karer See. Andere berühmte Gäste in Welschnofen-Karer See waren der Tourismuspionier Theodor Christomannos (sein Lebenswerk war der Ausbau der Dolomitenstraße von Welschnofen nach Cortina), der britische Alpenmaler E.T. Compton sowie die berühmten Schriftsteller Karl May und Agatha Christie.

Über den Labyrinthweg zum Karer See
Fotosafari am Fuße des Latemars

Wegbeschreibung: Mit dem Wanderbus fahren wir zum Karer Pass (1745 m). Der Markierung 17 folgend wandern wir zuerst auf einem Fußweg, später auf breitem

Forstweg zur ausgedehnten Latemarwiese. Am Wiesenrand bei der Wegteilung folgen wir rechts dem Weg Nr. 18 rund 15 Minuten durch den Wald bis zum hier links abzweigenden Steig 20 («Labyrinthsteig«). Auf diesem steigen wir kurz ab, bis wir hinauf zu einer kleinen Wiesenlichtung und zum Eingang ins »Labyrinth« kommen. Der Weg führt nun über einfache Felsstufen, an hausgroßen Felsblöcken vorbei und durch etliche Eng- und Kriechstellen bis zum Mitterleger, einer alten Bergweide mit einem Forsthaus (ca. 1830 m; ab Karer Pass ca. 2 Std.). Von dort folgen wir der Markierung 11 (Forststraße) in knapp 1 Std. durch Wald hinunter zum Karer See (1519 m). Hier können wir entweder mit dem Linienbus oder aber zu Fuß zuerst auf Weg 10 dem Bachlauf folgend zum Gasthaus Adler, dann rund 100 m die Hauptstraße entlang und zuletzt auf Weg 7 nach Welschnofen zurückkehren.

Tipps und besondere Hinweise: Unter den großartigen Nordwänden des Latemars liegt im Auslauf riesiger Schutthalden das Labyrinth (Felssturz). Hier finden Wanderer bunte Blumenwiesen, Kinder mächtige Felsblöcke zum Erklettern und schon Agatha Christie und Karl May ließen sich von der bizarren Felslandschaft inspirieren. Unvergesslich ist der Blick zur Rosengartengruppe, die sich wie eine riesige Panoramabühne im Hintergrund aus dem Wald zu heben scheint. Beim Gang durch das Labyrinth sollte man sich für dieses einmalige Naturschauspiel, das man als »das Wachsen der Berge« bezeichnen könnte, die Zeit zum Schauen und Staunen nehmen.

Entlang der Wanderroute bieten sich wunderschöne Rastplätze für Pausen an. Je nach Jahreszeit und Wasserstand lädt der Karer See zu einmaligen Spiegelaufnahmen ein.

AUSGANGSORT:
Karer Pass (1745 m)

AUF EINEN BLICK
Karer Pass - Latemarwiese - Labyrinthsteig - Mitterleger - Karer See - Welschnofen

HÖHENUNTERSCHIED
ca. 250 m

HÖCHSTE WEGSTELLE
Am Labyrinthsteig (ca. 1900 m)

REINE GEHZEIT
ca. 5 Std.

WEGLÄNGE
ca. 12 km

SCHWIERIGKEIT
4-Bergschuh-Wanderung

WANDERKARTEN
Freytag-Berndt, Blatt S 5 (Gröden-Cortina-Marmolada); Kompass, Blatt 54 (Bozen)

Linke Seite: Welschnofen liegt an einem Hang, der auf die Dolomiten zuläuft.

Der smaragdgrüne Karersee, einer der schönsten Bergseen der Alpen. Im Hintergrund der Latemar, der sich im kristallklaren Wasser spiegelt.

AUSGANGSORT
Karer Pass (1745 m) zwischen Rosengarten und Latemar

AUF EINEN BLICK
Karer Pass - Paolinahütte - Vajolonpass - Rotwandhütte - Karer Pass

HÖHENUNTERSCHIED
810 m

HÖCHSTE WEGSTELLE
Vajolonpass (2560 m)

REINE GEHZEIT
ca. 6 Std.

WEGLÄNGE
ca. 13 km

SCHWIERIGKEIT
5-Bergschuh-Wanderung

WANDERKARTEN
Freytag-Berndt, Blatt S 5 (Gröden-Cortina-Marmolada); Kompass, Blatt 54 (Bozen)

Oben: Das Rosengartenmassiv in seiner prachtvollen Pose, das seinen Namen aus der Sage von König Laurin hat.

Weggabelung am Hirzelweg, ein beliebter Wanderausflug vom Karerpass aus.

Über den Vajolonpass zur Rotwandhütte
Rundtour in der Rosengartengruppe

Wegbeschreibung: Transfer mit dem Bus zum Karer Pass (1745 m). Auf dem Weg 548/552 wandern wir über Wiesen zu einer Weggabel, dann links auf Steig 552 hinauf zur Paolinahütte (2125 m; ca. 1 $^1/_2$ Std.). Wir bleiben auf dem Weg 552 (unterer Hirzelweg) und erreichen nordwärts die Abzweigung des Steiges 549. Der weitere Weg verläuft ein Stück über den links abzweigenden Steig 551 (Wegweiser »Vajolon«) und dann in

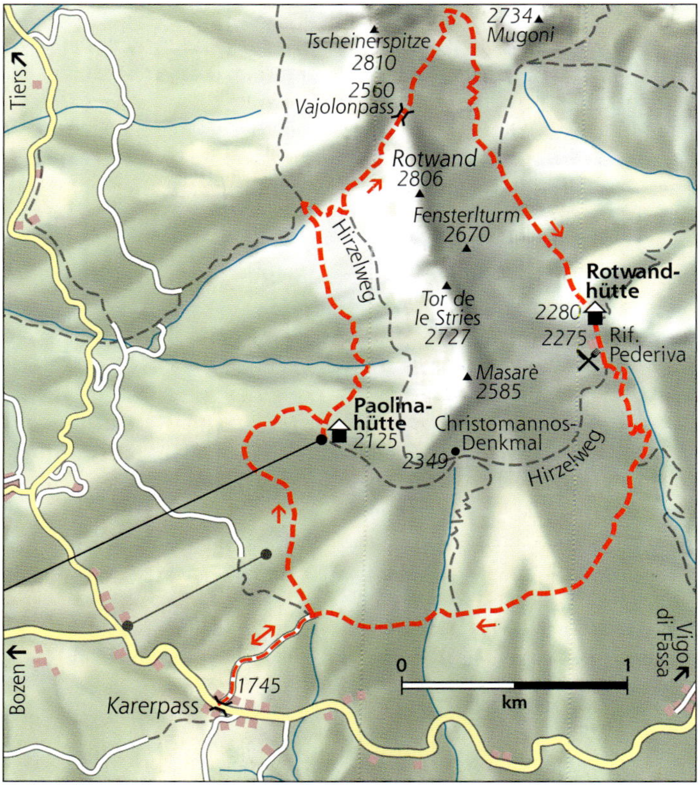

Nordrichtung weiter durch eine steile Geröllrinne, über eine gesicherte Felsstufe empor zum Vajolonpass (2560 m) zwischen Rotwand und Vajolonkopf.
Auf der anderen Seite queren wir immer auf Steig Nr. 551 die Geröll- und Schrofenhänge unterhalb der Tscheinerspitze und wandern nach Nordosten in den Oberen Vajolonkessel. Wir biegen dort scharf rechts ab, durch eine felsige Steilrinne südwärts hinab zum Unteren Vajolonkessel. Nun wandern wir auf dem Weg Nr. 541 unter der Rotwand nahezu eben zur Rotwandhütte (2280 m). Von dort auf Weg 548 zuerst in südlicher und dann in westlicher Richtung durch teils freie, teils bewaldete Hänge hinunter zum Karer Pass (3/4 Std.).
Tipps und besondere Hinweise: Durch Wiesen, Lärchenbestände und Kiefernwälder führt uns der sanft ansteigende »Karl-May-Weg« vom Karer Pass zum Hirzelweg, dem herrlichen Panoramawanderweg am Fuße der Rotwand. Und dort, im Südbereich des Rosengartenmassivs, ersteigen wir den Vajolonpass. Trittsicherheit und Kondition sind hier notwendig. Es öffnet sich ein wunderbares Dolomiten-Panorama. Der Abstieg führt uns an der Mugonispitze vorbei zur Rotwandhütte. Beim Abstieg lernen wir das Murmeltiertal kennen, das seinem Namen alle Ehre macht.

Lärchenwald und Wolfsgrube
Rund um einen der höchsten Waldhügel Europas

Wegbeschreibung: Wir umwandern über den Panoramaweg das Dorf Welschnofen und erreichen nach 45 Minuten die Abzweigung beim Dorfende (1200 m, Hotel Schönwald). Leicht ansteigend folgen wir dem Forstweg in Richtung Obergummer, kommen am Außerforerhof (1365 m, ca. 45 Minuten) vorbei und wandern über den Taufenweg Nr. 2a durch Fichtenwald zum Gasthaus Zipperle. Weiter geht es nun noch zum Gasthaus Lärchenwald (ca.1350 m, ca. 1 Std.) in Obergummer. Von dort erreichen wir über die Forststraße (Markierung 1) das Wolfsgrubenjoch (1506 m). Bei ausreichender Kondition empfiehlt sich auf halber Wegstrecke ein Abstecher zum »Toten Moos« (Waldsee), um dort die Seerosen zu bewundern. Von der Wolfsgrube steigen wir auf Weg 5 in rund 45 Minuten nach Welschnofen ab.
Tipps und besondere Hinweise: Viel gesunde Luft atmen lässt uns diese Wanderung beim Gang durch harzduftende Wälder. Der Taltbühel (1756 m), den wir dabei umrunden, gilt als einer der höchsten von geschlossenem Nutzwald bedeckten Hügel Europas. Lichtungen erlauben bei unserer Wanderung aber immer wieder auch schöne Ausblicke zu den nahen Dolomiten. Vorbei an Höfen geht es ohne besondere Schwierigkeiten in die Nachbargemeinde Obergummer.
Die Wolfsgrube diente im 18. Jahrhundert zum Fang der letzten Wölfe. Beim Abstieg halten wir kurz inne bei der Mutter Gottes in der Wallfahrtskapelle Lengeria, die nach dem Zweiten Weltkrieg als Gelöbniskapelle erbaut wurde.

AUSGANGSORT
Welschnofen, Wanderhotel Seehauser (1200 m)

AUF EINEN BLICK
Wanderhotel Seehauser - Dorfende - Innerforerhof - Taufenweg - Obergummer - Wolfsgrube - Wanderhotel Seehauser

HÖHENUNTERSCHIED
300 m

HÖCHSTE WEGSTELLE
Wolfsgrubenjoch (1500 m)

REINE GEHZEIT
5 Std.

WEGLÄNGE
ca. 11 km

SCHWIERIGKEIT
3-Bergschuh-Wanderung

WANDERKARTEN
Freytag-Berndt, Blatt S 5 (Gröden-Cortina-Marmolada); Kompass, Blatt 54 (Bozen)

Seerosen im Waldsee »Toten Moos« auf dem höchsten bewaldeten Hügel Europas, dem Taltbühl.

12 Tiers, Dolomiten
Hotel Cyprianerhof

HOTEL CYPRIANERHOF

Dort, wo das schroffe Dolomitgestein den saftigen Wiesen Platz lässt, wo König Laurins Märchenwelt beginnt, dort liegt das Hotel Cyprianerhof. Eine herrliche Berglandschaft der Kontraste erwartet Sie hier, die Vielfalt an Landschaftsbildern fasziniert durch die unterschiedlichen Vegetationszonen und Kulturformen auf engstem Raum: Senkrechte Wände und bizarre Felsgestalten türmen sich über den sanften Hängen des Tierser Tales mit seiner einzigartigen alpinen Flora.
Bergbauernhöfe liegen auf den Anhöhen, Wein und Kastanien sind ein kurzes Stück weiter unten im Tal angepflanzt, Schlösser und Ruinen, uralte Kultstätten zeugen von früher Besiedlung. Sagen, Geschichten und Mythen werden hier lebendig.
Mit 4-Sterne Komfort wohnen Sie inmitten dieser grandiosen Bergwelt. Vom Hotel aus werden Ihnen fünfmal wöchentlich Wanderungen im Rosengarten, Schlerngebiet oder auf der Seiseralm geboten.
Natürlich ist auch im Cyprianerhof für Ihr leibliches Wohl gesorgt: Man verwöhnt Sie hier im Kulinarischen- wie auch im Wellnessbereich.

Hotel Cyprianerhof****
Familie Damian
I-39050 Tiers am Rosengarten

Tel.: +39/0471/64 21 43
Fax: +39/0471/64 21 41
E-Mail: hotel@cyprianerhof.com
www.cyprianerhof.com

Das Dorf Tiers wartet mit seinen Gegensätzen auf: Die romantischen Seen und das Bergmassiv des Rosengartens

Tiers – das Dorf und Tal unterm Rosengarten

Das Tierser Tal mündet bei Blumau in das Untere Eisacktal und zieht ostwärts bis unter das einmalige Bergmassiv des Rosengartens. An den sonnigen Hängen des äußeren Talbereichs liegt Völser Aicha mit seiner Kirche und den verstreuten Bauernhöfen, in deren Umgebung zahlreiche prähistorische Funde getätigt wurden. Etwas weiter talein steht einsam am Wiesenhang die freskengeschmückte Katarinakirche. Im schmalen Talgrund liegt der Weiler Braien, und am Sonnenhang des inneren Tales liegt das Hauptdorf Tiers.
Den Ortskern bildet die Kirche mit ihrem charakteristischen Kirchturm, der zwar romanisch ist, aber eine barocke Zwiebelhaube trägt. Unweit der Kirche fällt ein alter Adelssitz auf.
Tiers ist ein lebendiges Dorf mit regem Sommer- und Wintertourismus, umgeben von ausgedehnten Wiesenhängen mit verstreuten Berghöfen. Zum Siedlungsbereich von Tiers zählen im Talschluss das reizende, viel

fotografierte Kirchlein St. Cyprian sowie mehrere Häuser, Höfe und Gastbetriebe, in deren Nähe die wildromantische Tschaminklamm und das einsame Tschamintal eingeschnitten sind. Tiers ist über eine schöne, von der Völser Straße abzweigende Panoramastraße zu erreichen. Diese setzt sich nach dem Dorf über St. Cyprian fort, überschreitet den bewaldeten Nigerpass und findet beim Karer Pass ihren Anschluss an die Dolomitenstraße, die von Bozen nach Cortina führt.
Die ausgedehnten sonnigen Wiesen, die dunklen Wälder, die freundlichen Almen und die alles überragende Bergwelt der sagenumwobenen Rosengartengruppe bilden ein wahres Dorado für den Wanderer und Bergfreund. Gemütliche Spazierwege, etwas anspruchsvollere Wanderwege und schließlich auch luftige Klettersteige bilden ein Wegenetz von einmaliger landschaftlicher Schönheit. Es erschließt die Höfelandschaft bis hinüber nach Völs, die Tschafonhütte mit ihrem Anschluss an das Schlerngebiet, die Grasleitenhütte mit ihrem Übergang zur Seiser Alm und dem Anstieg zum gut 3000 m hohen Kesselkogel, weiters das Almgebiet der Hanickerschwaige und schließlich die Felsregion mit den einzigartigen Vajolettürmen und der berühmten Rosengartenspitze, wo sich mit der Santnerpasshütte und der Gartlhütte die zwei höchstgelegenen Schutzhütten des ganzen Gebietes befinden.

Rastmöglichkeiten entlang des Waldrandes gibt es bei dieser Wanderung genug. Es lohnt sich immer wieder den Blick herum schweifen zu lassen.

Tschagerjoch und Grasleitenpass
Große Durchquerung der Rosengartengruppe

Wegbeschreibung: Transfer mit dem Wanderbus zur Frommeralm (1743 m) und weiter mit dem Lift zur Kölner Hütte (2339 m). Anfangs wan-

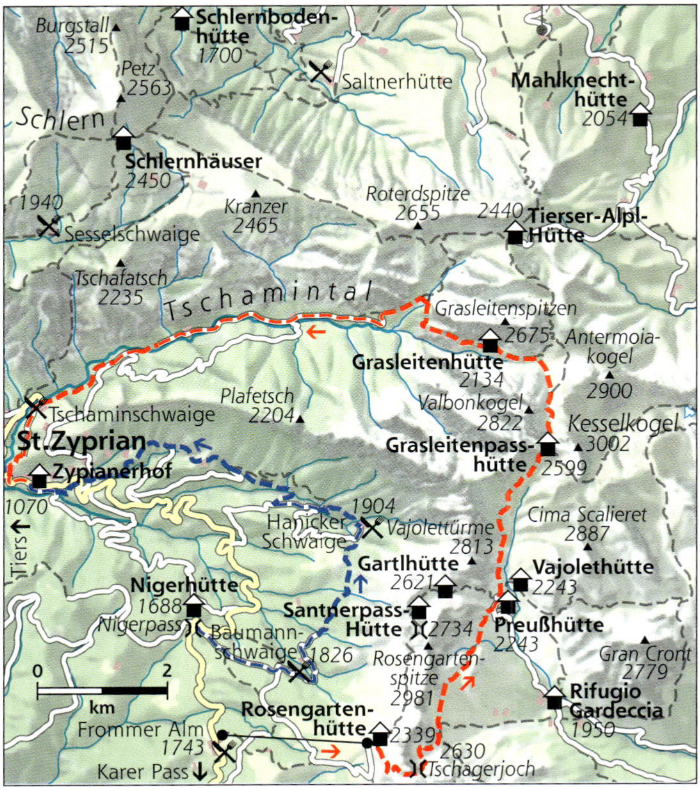

AUSGANGSORT
Karer Pass (1750 m)

AUF EINEN BLICK
Karer Pass - Rotwandhütte - Hirzelweg - Paolinahütte - Rückkehr mit dem Sessellift

HÖHENUNTERSCHIED
530 m

HÖCHSTE WEGSTELLE
Rotwandhütte (2280 m)

REINE GEHZEIT
4 – 5 Std.

WEGLÄNGE
ca. 12 km

SCHWIERIGKEIT
4-Bergschuh-Wanderung

WANDERKARTEN
Freytag & Berndt, Blatt S 1 (Bozen - Meran und Umgebung); Kompass, Blatt 54 (Bozen)

Die Wanderwege in diesem Gebiet schlängeln sich in Serpentinen in die Höhe.

dern wir über einige leichte Felsstufen, dann folgt ein steiler Aufstieg im Geröll auf Steig 550 zum Tschagerjoch (2630 m; ab Kölner Hütte 1 1/4 Std.). Es bietet sich uns ein herrlicher Blick zur Marmolada und Larsecgruppe. Wir steigen auf der Ostseite auf Steig 541 unter der 600 m hohen Rosengarten-Ostwand ab zur Vajolethütte (2243 m, Schutzhaus mit Sommerbewirtschaftung; ab Tschagerjoch 1 1/4 Std.). Von dort wandern wir auf Weg 584 über Geröll durch das Vajolettal hinauf zum Grasleitenpass (2599 m, 1 Std.) mit der gleichnamigen kleinen Schutzhütte unter dem Kesselkogel, dem höchsten Gipfel der gesamten Rosengartengruppe (3002 m). Der Abstieg führt vom Grasleitenpass durch den Grasleitenkessel auf Steig 554 inmitten eindrucksvoller Felsszenerien hinunter zur Grasleitenhütte (2134 m, Sommerbewirtschaftung) und weiter hinab ins Tschamintal. Schließlich durch dieses in schöner, teilweise ebener Wanderung den Tschaminbach entlang talaus und zurück nach St. Cyprian (1200 m).
Tipps und besondere Hinweise: Die zentrale Rosengartengruppe, bestehend aus der Rosengartenspitze und den Vajolettürmen, wird von der Kölner Hütte bis ins Tschamintal auf gut markierten und beschilderten Bergpfaden durchwandert. Es ist eine anspruchsvolle Tour, die Bergerfahrung, Trittsicherheit und gute Kondition erfordert.
Eindrucksvoll sind die unmittelbaren Nahblicke zur Felsenwelt des Rosengartens mit ihren bizarren Felsgebilden und senkrechten Felswänden.

Rotwandhütte und Paolinahütte
Eine Aussichtstour im südlichen Rosengarten

Wegbeschreibung: Transfer von St. Cyprian zum Karer Pass (1750 m). Von dort steigen wir auf über lichte Lärchenwälder bis zur Bartigen Alm. Nach einer kurzen Trinkpause geht es durch Latschen und Steinblöcke weiter bis ins Murmeltiertal und weiter hinauf zur Rotwandhütte (2280 m). Während des Mittagessens genießen wir eine fantastische Aussicht: Direkt vor uns liegt der Kessel des Va_l mit den Felsen der Rotwand, der Masaré-Türme und der Mugonispitze; weiter hinten die südlichen und östlichen Dolomiten von der Palagruppe bis zur Marmolada und Tofana. Nach dem

Essen wandern wir über den viel begangenen Hirzelweg am Christomannosdenkmal vorbei zur Paolinahütte (2125 m; Berggaststätte). Von dort fahren wir schließlich mit dem Sessellift hinunter zur Talstation.
Tipps und besondere Hinweise: Bei dieser Tour im Südbereich des Rosengartenmassivs, die Trittsicherheit erfordert, genießen wir eine herrliche Aussicht auf die benachbarten Dolomitengruppen auf der einen Seite und die Nahblicke in die Felsenwelt des Rosengartens auf der anderen; eine unmittelbare Begegnung mit ursprünglicher, wilder Bergnatur. Mit etwas Glück kann man verschiedene Wildtiere beobachten, so beispielsweise Gämsen, Murmeltiere und Steinadler.

Aussichtstour zur Hanickerschwaige
Im Banne von Rosengarten und Vajolet

Wegbeschreibung: Von Tiers (1175 m) fahren wir mit dem Wanderbus zum Nigerpass (1690 m). Von da wandern wir, stets der Markierung 7 folgend, über den Forstweg zur Baumannschwaige (1826 m), die ehemalige Alm des Baumannhofes von Schloss Prösels. Den Tscheinerwald und ein paar Bachgräben durchquerend erreichen wir auf leichtem Anstieg die Angelwiesen mit faszinierendem Nahblick auf die Laurinswand und die Rosengartenspitze. Über die Almwiesen erfolgt ein weiterer Aufstieg zur privaten »Berglerhütte« (2020 m), einem großartigem Aussichtspunkt mit Blick zum Rosengarten, zu den Nordwänden der Vajolettürme und auch zu den entfernten Gletscherbergen im Westen.
Dann erfolgt nordseitig ein kurzer Abstieg zur gemütlichen Hanickerschwaige (1905 m). Der Abstieg führt weiter auf Weg Nr. 7 durch schöne Lärchenwälder und Almwiesen zur Plafetschalm (1560 m) und hinunter nach St. Cyprian.
Tipps und besondere Hinweise: Bei dieser landschaftlich prächtigen Wald- und Almenwanderung am Fuße des berühmten Rosengartens sind Trittsicherheit und eine gewisse Gehtüchtigkeit erforderlich. Nahblicke auf die Laurinswand und die Vajolettürme; seltene hochalpine Blumenwelt und schöne Lärchenbestände belohnen uns für die Anstrengung. Gemütlich und urig ist die Hanickerschwaige.

AUSGANGSORT
Nigerpass (1690 m)

AUF EINEN BLICK
Nigerpass - Baumannschwaige - Berglerhütte - Hanickerschwaige - Plafetschalm - St. Zyprian/Hotel

HÖHENUNTERSCHIEDE
850 m

HÖCHSTE WEGSTELLE
Berglerhütte (2020 m)

REINE GEHZEIT
4 – 5 Std.

WEGLÄNGE
ca. 10 km

SCHWIERIGKEIT
4-Bergschuh-Wanderung

WANDERKARTEN
Freytag & Berndt, Blatt S 1 (Bozen - Meran und Umgebung); Kompass, Blatt 54 (Bozen)

Die Hochalmen und Berghäuser bieten immer wieder urige und traditionsbewusste Einkehrmöglichkeiten.

Linke Seite oben: Kleiner See mit dem Rosengartenmassiv im Hintergrund. Von links nach rechts: Tschaminspitze, Lammköpfe, Vajolettürme, Laurinwand, Rosengartenspitze

Die Vajolettürme ragen zum Himmel empor. Hier im Bild mit Blickwinkel aus der Laurinscharte.

13 Seis, Dolomiten
Wanderhotel Europa

WANDERHOTEL EUROPA

Das Motto des Hauses ist »wandern & genießen«. Aus diesem Grund gehören geführte Wanderungen in die Dolomiten genauso zu den Leistungen des Hauses wie die herzliche Südtiroler Gastlichkeit. Die erlesene Küche verspricht Genuss.
Der Relaxbereich (Sauna, Dampfsauna, Whirlpool) sorgt für körperliche Entspannung. Die hauseigene Konditorei und die große Sonnenterrasse mit Schlernblick sorgen fürs nötige Urlausbflair.

Wanderhotel Europa***
Familie Trocker
Oswald-von-Wolkensteinplatz 5
I-39040 Seis am Schlern

Tel.: +39/0471/70 61 74
Fax: +39/0471/70 72 22
E-Mail: hoteleuropa@dnet.it
www.europa-hotel.it

Seis am Schlern

Das stattliche Dorf Seis liegt zwischen Völs im Süden und Kastelruth im Norden unter der mächtigen Santnerspitze, dem »Großen Schlernzacken«.
Der Ort hat sich im Laufe der Geschichte zwar stark gewandelt, trotzdem zeigt er heute noch Merkmale eines Bauerndorfes. Alte, bäuerliche Anwesen bilden mit modernen Bauten eine harmonische Einheit. Stille Wälder und sanfte Wiesen prägen das Landschaftsbild der näheren Umgebung des Dorfes.
Der Name Seis taucht, wie der Name Kastelruth, zum ersten Mal in einem Dokument aus den Jahren 982-987 auf: Bischof Albuin von Brixen tauscht mit Bischof Eticho von Augsburg Kirchenerträge von Seis, Völs und Kastelruth gegen jene von Siffian am Ritten ein. Im lateinischen Schriftstück ist von einem Dorf namens »Siusis« die Rede. Im Laufe der Zeit hat sich dieser Name zur heutigen Form gewandelt: Über Sutsis, Sevs, Suse, Süss, Saus, Saws, Seüss, Seiss und Seyss ist Seis geworden.
Leider ist es nicht möglich, Genaueres über den Ursprung des Dorfes zu erfahren. Diese vorgeschichtliche Lücke hat die Fantasie des Volkes beflügelt und zu verschiedenen Sagen geführt.
Ein bemerkenswertes Gebäude ist die Maria-Hilf-Kirche im Dorfzentrum. Es handelt sich um einen schlichten Bau mit einem hübschen Turm aus dem Jahre 1648. Aus Platzgründen musste später eine neue Kirche erbaut werden. Mit den Vorarbeiten zum Bau derselben wurde 1937 begonnen, die Fertigstellung erfolgte erst im Jahre 1954.
Ausschlaggebend für die rasante Entwicklung zum Sommerfrischeort war vor allem der Bau der neuen »modernen« Straße von Waidbruck über Kastelruth und Seis bis nach Bad Ratzes, die im Jahre 1887 feierlich dem Verkehr übergeben wurde.

Das Dorf Seis mit dem Schlernpanorama im Hintergrund

Viel Prominenz hat im Laufe der Zeit den bekannten Ort Seis aufgesucht: König August von Sachsen, die belgische Königin, Vertreter des russischen Hochadels, Wilhelm Dilthey, Henrik Ibsen, Carl Zuckmayr, Arturo Toscanini, Manfred Eigen, Gustav Heinemann und viele andere. Die wohl schillerndste Persönlichkeit von Seis war aber zweifelsohne Oswald von Wolkenstein, der Minnesänger, Ritter und Berater des deutschen Königs, der oberhalb Seis die Burg Hauenstein besaß und bewohnte (er starb 1445). In zahlreichen Liedern trug er die Kunde von der Schönheit des Schlerngebietes in viele Länder Europas.

Von Seis zum Völser Weiher
Einstiger Fischteich der Herren von Völs

Wegbeschreibung: Von Seis (997 m) wandern wir zuerst die Straße nach Völs entlang und folgen dann der mit Nr. 2 markierten Seitenstraße bis zum Hauensteiner Wald und dem ehemaligen Hotel Salegg (1026). Darüber befinden sich die Mauerreste der einstigen Burg Salegg (1125 m, 15-min. Abstecher dorthin für Burgenfreunde lohnend). Wenige Gehminuten tiefer liegt der Gasthof St. Vigil. Vom ehemaligen Hotel Salegg führt uns der Wanderweg durch erfrischenden Schatten weiterhin quer durch die stillen Waldhänge. Zwischendurch erfreuen uns herrliche Ausblicke auf Santner, Gabels, Mull und Jungschlern. Wir queren zuerst den Strassergraben, wandern weiterhin durch schöne Wälder und erreichen schließlich den Völser Weiher (1036 m, ab Seis 1 1/2 Std.),

AUSGANGSORT
Seis (997 m)

AUF EINEN BLICK
Seis - Hotel Salegg - Völser Weiher - Völs - Seis

HÖHENUNTERSCHIED
156 m

HÖCHSTE WEGSTELLE
Völser Weiher (1036 m)

REINE GEHZEIT
2 Std.

WEGLÄNGE
ca. 5 km

SCHWIERIGKEIT
2-Bergschuh-Wanderung

WANDERKARTEN
Freytag & Berndt, Blatt S 1 (Bozen - Meran und Umgebung); Kompass, Blatt 54 (Bozen); Kompass, Blatt 54 (Bozen)

Oben: Der Völser Weiher, früher als Fischteich der Herren von Völs bekannt, ist heute ein beliebtes Ausflugsziel. Vor allem in den Sommermonaten tummeln sich an den Ufern viele Badefreunde.

Abendstimmung am Völser Weiher

AUSGANGSORT
Compatsch (1880 m)

AUF EINEN BLICK
Compatsch - Goldknopf - Rosszähnscharte - Tierser-Alpl-Hütte - Schneid - Plattkofelhütte - Saltria

HÖHENUNTERSCHIED
825 m

HÖCHSTE WEGSTELLE
Rosszähnscharte (2499 m)

REINE GEHZEIT
ca. 5 Std.

WEGLÄNGE
ca. 12 km

SCHWIERIGKEIT
5-Bergschuh-Wanderung

WANDERKARTEN
Freytag & Berndt, Blatt S 1 (Bozen - Meran und Umgebung); Kompass, Blatt 54 (Bozen); Kompass, Blatt 54 (Bozen)

***Unten:* Almhütte und Einkehrmöglichkeit bei der Wanderung über die Rosszähnscharte**

***Ganz unten:* Das Schlernhochplateau mit der Santnerspitze in der Abenddämmerung**

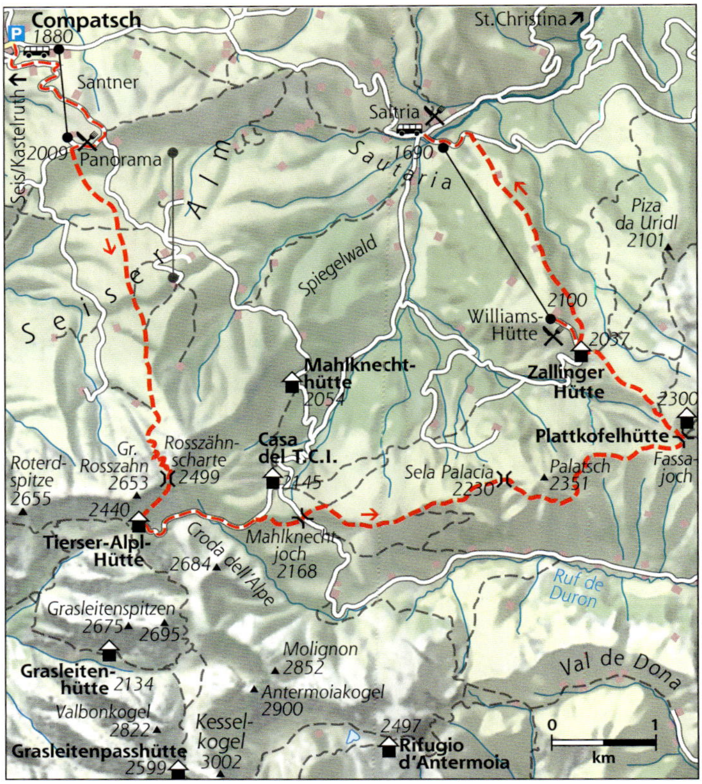

der im Mittelalter von den Herren von Völs als Fischweiher angelegt wurde und Schauplatz grausamer Hexenverbrennungen war. Heute ist der Völser Weiher ein beliebter Badesee mit zwei Gastbetrieben. Der mit Nr. 1 markierte Rückweg führt vorbei am Ansitz Zimmerlehen, durch eine herrliche Wiesenlandschaft in 1/2 Stunde hinunter nach Völs (880 m). Von Völs kehren wir mit dem Bus (Verkehr im Halbstundentakt) zurück nach Seis.

Tipps und besondere Hinweise: Der einstige Fischweiher der Herren von Völs ist ein beliebtes Ausflugsziel das ganze Jahr über. Die in jeder Hinsicht leichte Wanderung von Seis zum Völser Weiher bietet viele Ergänzungsmöglichkeiten, z.B. zur Tuffalm, zum Hoferalpl, nach Ums sowie auf den Schlern und den Tschafon.

Wanderung über die Rosszähnscharte
Durch urzeitliche Riffe und gewaltige Vulkanite

Wegbeschreibung: Von Compatsch (1880 m) nehmen wir die rechte Abzweigung an der Informationstafel und folgen Weg 7 in Richtung Almgasthof Panorama (2009 m). Am Joch angelangt, ist der Blick frei auf den Schlern, auf Lang- und Plattkofel. Unser Weg Nr. 2 führt uns über ausgedehnte Blumenwiesen in Richtung Hotel Goldknopf. Bald darauf beginnt ein etwas beschwerlicher Aufstieg: In zahllosen Serpentinen schlängelt sich der schmale Steig durch die Schutthalden hinauf. Immer beeindruckender wirken die bizarren Zacken der Rosszähne. Am höchsten Punkt, der Rosszähnscharte (2499 m), wandern wir über den Felskamm der Rosszähne, biegen nach rechts ab und kommen bald zur Tierser-Alpl-Hütte (2440 m; knapp 3 Std.). Weiter geht es nun auf Weg 4 hinunter zum Mahlknechtjoch (2168 m) und über den reizvollen Grenzweg der »Schneid« auf dem Weg Nr. 4/594 in langer Höhenwanderung ostwärts. Die Schneid stellt die Provinzgrenze zum Trentino und die Sprachgrenze zum Ladinischen dar. Unter uns liegt das Fassatal mit seinen Ortschaften Vigo, Canazei und Campitello. Nach leichtem Auf und Ab erreichen wir am Fassajoch die Plattkofelhütte, ein privates Schutzhaus mit Sommerbewirtschaftung (2300 m). Nach einer kleinen Stärkung können wir gemütlich den Abstieg nach Saltria im Herzen der Seiser Alm (1675 m) in Angriff nehmen. Von dort kehren wir mit dem Bus nach Seis zurück.

Tipps und besondere Hinweise: Mittelschwere Tageswanderung. Ausrüstung: Regenschutz, Bergschuhe oder feste Wanderschuhe; Fotoapparat und Fernglas empfehlenswert.

Winterwanderung auf den Puflatsch
Tummelplatz der Schlernhexen

Wegbeschreibung: Vom Parkplatz am Compatsch (1844 m) kann man den Fahrweg oder den Sessellift-Puflatsch für den Aufstieg wählen (zu Fuß 1 $^1/_2$ Stunden Aufstieg). Von der Bergstation (2119 m) folgen wir dem breiten Weg bergwärts bis zu einer Abzweigung und gelangen rechts auf der mit »PU« markierten Route zum Fillner Kreuz (2130 m). Hier geht es nun die Felsabbrüche entlang (eindrucksvoller Tiefblick) hinauf zum höchsten Punkt des Puflatsch (2178 m). Weiter geht es auf dem Pfad Nr. 13 zum Gollerkreuz, das über den nordwestlichen Steilabbrüchen der Puflatschalpe steht. Bei der nahen Jausenstation Arnika endet der mit »A« bezeichnete Fahrweg, über den wir zur Liftstation zurückkehren.

Tipps und besondere Hinweise: Bei dieser winterlichen Traumwanderung handelt sich um eine leichte, nicht besonders lange, herrliche Rundtour auf einem Hochplateau mit sagenhafter Schau über halb Südtirol, über die Seiser Alm, auf das Grödnertal und zu den bekanntesten Bergen der Dolomiten. Die Puflatschalpe bietet alles, wofür die Seiser Alm berühmt ist: Im Sommer herrliche Blumenteppiche und seltene Pflanzen, im Winter verträumte Winterwanderwege, viel Ruhe und Abgeschiedenheit und die geradezu weltbekannten »Hexenbänke«.

AUSGANGSORT
Compatsch auf der Seiser Alm (1880 m)

AUF EINEN BLICK
Compatsch - Puflatschgipfel - Compatsch

HÖHENUNTERSCHIED
300 m

HÖCHSTE WEGSTELLE
Puflatsch (2178 m)

REINE GEHZEIT
3 Std.

WEGLÄNGE
ca. 7 km

SCHWIERIGKEIT
2-Bergschuh-Wanderung

WANDERKARTEN
Freytag & Berndt, Blatt S 1 (Bozen - Meran und Umgebung); Kompass, Blatt 54 (Bozen) und Blatt S 5 (Cortina d'Ampezzo - Marmolada - St.Ulrich); Kompass, Blatt 54 (Bozen)

Das Hochplateau Seiser Alm ist mit 70 Quadratkilometern die größte Hochalm Europas. Auf einer Höhe von über 2000 Metern bietet sie unzählige Wandermöglichkeiten.

14 Kastelruth, Dolomiten

Wellness Residence Schgaguler

WELLNESS RESIDENCE SCHGAGULER

Urlaub für Genießer: Wohltuende Farben, luftig, lichte Räume und der traumhafte Ausblick. Erleben Sie diese besondere Harmonie der Einrichtung und Farben bis ins kleinste Detail. Ein Urlaub der Sinne in der familiengeführten Wellness-Residence, wo Ungezwungenheit, Freiheit und Genuss groß geschrieben werden.

Wellness Residence Schgaguler***
Familie Schgaguler
Dolomitenstraße 2
I-39040 Kastlruth

Tel.: +39/0471/71 21 00
Fax: +39/0471/71 22 00
E-Mail: hotel@schgaguler.com
www.schgaguler.com

Kastelruth

Die ausgedehnte Gemeinde Kastelruth besteht aus den zwölf Fraktionen Kastelruth, Seis, St. Valentin, Tisens, Tagusens, St. Michael, St. Vigil, St. Oswald, Seiser Alm, Runggaditsch, Pufels und Überwasser.

Die Gemeinde hat insgesamt ca. 5950 Einwohner, rund 6700 Gästebetten und ist ein einmaliges Erholungsgebiet inmitten einer ländlichen Kulturlandschaft am Südhang der Alpen.

Das sonnige Hochplateau des Schlerngbietes wird umrahmt von kühnen Bergspitzen, dichtem Waldreich, Tälern, weiten Wiesen- und Almflächen. Das Bild des stattlichen Dorfes Kastelruth, das mit seinem mächtigen Kirchturm in einer windgeschützten Mulde liegt, wird einerseits beherrscht von sanft geformten Waldhügeln und andererseits von den Porphyrwänden des Puflatsch und den mächtigen Dolomitwänden des Schlerns.

Die Vielfalt seiner landschaftlichen Schönheit, Kunst und Tradition sowie die Wesensart seiner Bewohner verleihen diesem Teil Südtirols eine besondere Anziehungskraft. Das Gebiet rund um den Schlern kann auf eine wechselvolle Vergangenheit von mehreren Jahrtausenden zurückblicken. Man findet Spuren und Wallanlagen von prähistorischen Siedlungen, Überreste eines römischen Kastells, Burgruinen aus dem Mittelalter sowie Bauten und Ansitze aus dem 17. und 18. Jahrhundert. Außerdem geben dem Schlerngebiet die zahlreichen, weithin verstreuten Kirchen,

Kastelruth lädt mit seinen malerischen Gassen zum Flanieren ein.

Kapellen, Türme, alten Bauernhöfe und Wegkreuze eine besondere Note und regen den Einheimischen ebenso wie den interessierten Feriengast immer wieder an, sich mit der Geschichte dieser Bauwerke und der Menschen, die sie geschaffen haben, zu befassen.
Das Schlerngebiet hat sich im Laufe der Zeit zu einem weitbekannten und beliebten Urlaubsziel entwickelt. Erholungssuchende, welche die Bergwelt lieben, können hier zu jeder Jahreszeit einen idealen Urlaub verbringen. Für Wander- und Sportfreudige öffnet sich ein schier unerschöpfliches Betätigungsgebiet, zumal auch die 50 Quadratkilometer große Seiser Alm, das größte Almgebiet Europas, zur Gemeinde Kastelruth gehört.

Der »Schlern«, Wahrzeichen des Landes
Eine großzügige Überschreitung

Wegbeschreibung: Von Compatsch (1880 m; hierher mit Pkw oder Bus) wandern wir den Markierungen 7 und S folgend über die samtgrünen Weiden der Seiser Alm zur Saltnerhütte (1820 m). Hier liegt der Blumengarten, einer der schönsten Almflächen der Welt. Vor unseren Augen erhebt sich dort der mächtige Schlern an den Pforten des Dolomitenreiches, und alles unter dem gleichen tiefblauen Himmel. Dann steigen wir auf Weg 1 im Zickzack hinauf zur Hochfläche des Schlerns und zum Schlernhaus (2450 m, Schutzhaus mit Sommerbewirtschaftung).
Ein Sonnenuntergang auf dem Schlern: Rot leuchtet drüben der Rosengarten, verklärt ist das Land, durchzogen von den Silberbändern seiner Flüsse; Eisacktal, Bozner Talkessel und das Weinland Überetsch zu unseren Füßen, die Gletscher in der Ferne. Wir genießen die Stille mit dem wunderbaren Panorama über ganz Südtirol. Ein wichtiger Platz ist der

AUSGANGSORT
Compatsch (1880 m)

AUF EINEN BLICK
Compatsch - Schlernhaus - Tuffalm - Völs

HÖHENUNTERSCHIEDE
aufwärts 750 m, abwärts 1570 m

HÖCHSTE WEGSTELLE
Schlernhaus (2450 m)

REINE GEHZEIT
6 – 7 Std.

WEGLÄNGE
ca. 10 km

SCHWIERIGKEIT
5-Bergschuh-Wanderung

WANDERKARTEN
Freytag & Berndt, Blatt S 1 (Bozen - Meran und Umgebung); Kompass, Blatt 54 (Bozen) und Blatt S 5 (Cortina d'Ampezzo - Marmolada - St. Ulrich)

Saftige Wiesen inmitten von kräftigen Bäumen und das Bergmassiv im Hintergrund: Diese Szenerie werden wir bei Wanderungen in diesem Gebiet oft vorfinden.

AUSGANGSORT
Seis (997 m)

AUF EINEN BLICK
Seis - Ruine Hauenstein - Ruine Salegg - Seis

HÖHENUNTERSCHIED
204 m

HÖCHSTE WEGSTELLE
Burgruine Salegg (1219 m)

REINE GEHZEIT
2 – 3 Std.

WEGLÄNGE
ca. 6 km

SCHWIERIGKEIT
2-Bergschuh-Wanderung

WANDERKARTEN
Freytag & Berndt, Blatt S 1 (Bozen - Meran und Umgebung); Kompass, Blatt 54 (Bozen); Kompass, Blatt 54 (Bozen)

Oben: Das Schloss Prösels wurde ca. 1200 n. Chr. erbaut und im Jahr 1500 von Leonhard von Völs im Renaissancestil umgebaut und erweitert.

Die Burg Hauenstein ging nach dem Hauensteiner Geschlecht in den Besitz der Wolkensteiner über. Der bekannteste Vertreter dieses Geschlechts ist der Minnesänger Oswald von Wolkenstein.

Burgstall, eine prähistorische Opferstätte, die sich weiter nördlich befindet: Dort fanden 1945 Bozner Heimatkundler Gefäßscherben aus der Eisenzeit und römische Münzen.
Der Abstieg erfolgt auf Weg 1 zur Sesselschwaige (1940 m, Ausschank) und über den Prügelweg durch die Schlernschlucht – ein Erlebnis der besonderen Art. Zwischen hohen Felswänden führt eine lange Brücke aus Holzplanken über den tosenden Gebirgsbach durch die schmale Felsspalte. Dann wandern wir durch Lärchenwälder zur Hütte der Tufalm; dort gönnen wir uns die wohlverdiente Rast, bevor wir auf Weg 1 nach Völs 880 m) absteigen und mit dem Bus nach Kastelruth zurückkehren.
Tipps und besondere Hinweise: Diese nicht schwierige, aber lange Bergtour ist nur ausdauernden Gehern zu empfehlen!

Zu den Burgen Hauenstein und Salegg
Auf den Spuren Oswalds von Wolkenstein

Wegbeschreibung: Eine gemütliche Wanderung geht entlang Markierung 1/2 8 von Seis (994 m) durch den schattigen Ratzeser Wald mit herrlichem Blick über das Dörfchen Seis, ins Eisacktal und auf den Ritten.
Der Weg führt uns zur Ruine Hauenstein (1201 m); dort machen wir Halt und genießen eine kleine Jause. Die Ruine erhebt sich auf einem wuchtigen Felsblock, der sich vor einigen Jahrtausenden von der Nordwand der Santnerspitze losgelöst hat. Ursprünglich war diese Burg im Besitz der Herren von Hauenstein, ging aber später auf die Wolkensteiner über. Der bekannteste Vertreter dieses Geschlechts war der Dichter und Sänger Oswald von Wolkenstein, der mit seiner Familie bis zu seinem Tode 1445 auf Hauenstein lebte. Er bereiste Europa und den Nahen Osten, doch zog es ihn immer wieder zurück auf seine Burg. Oswalds lyrische Werke berichten uns so manches aus seinem bewegten Leben; sie geben uns Einblick in die Verhältnisse jener Zeit und wir erfahren viel von Oswalds Liebes- und Leidensweg: So über seine unglückliche Liebe zu Sabine Jäger, die in Tisens unterhalb von Kastelruth lebte.
Von Hauenstein wandern wir durch den Wald hinüber zu den altersgrauen Mauerresten der geheimnisvollen Burgruine Salegg (1219 m) und kehren von dort auf gut beschilderten Wegen nach Seis zurück.
Tipps und besondere Hinweise: Diese gemütliche Wald-Rundwanderung

empfiehlt sich besonders Natur- und Burgenliebhabern; sie ist auch von Familien mit Kindern und älteren Semestern mühelos zu bewältigen.

Die Seiser Alm im Winter
Zu Fuß mit der Rodel durch eine herrliche Schneelandschaft

Wegbeschreibung: Von Compatsch (1880 m) auf geräumtem Weg südostwärts in ca. 20 Minuten hinauf zum herrlich gelegenen Gasthaus »Panorama« (2009 m; hierher auch mit dem Sessellift möglich).
Von da zuerst ganz leicht absteigend und wieder leicht ansteigend führt uns diese schöne Wanderung über die Schneeflächen der Seiser Alm zu einer Wegteilung unter dem Hotel »Goldknopf«. Wir genießen den Blick auf das stolze Bergmassiv des Schlern zu unserer Rechten, während die Rosszähne und die Langkofelgruppe die Alm im Süden umrahmen. Im Osten sieht man das Herz der Dolomiten mit Sellastock, Grödner Joch und Cirspitzen und im Nordosten die Geislerspitzen.
Ortler, Ötztaler und Stubaier Alpen grüßen weit im Westen. Nach diesem lohnenden Rundumblick wandern wir von der Weggabel links auf dem breiten Schneeweg, vorbei an tief verschneiten Almhütten, sehr leicht ansteigend zur Mahlknechthütte (2054 m; Almgasthaus, ab Compatsch ca. 2 Std.).
Der Rückweg führt uns auf dem Rodelweg in sausender Schlittenfahrt mit vielen Kehren durch einen schütter bewaldeten Hang hinab. Die Fahrt bringt uns durch das oberste Saltriatal, durch Wiesenhänge vorbei an der Tanetzer Alm talabwärts und hinaus nach Saltria (1690 m, Gastbetriebe). Von Saltria, dem Ende unserer Rodelstrecke, kehren wir schließlich mit dem Bus zurück nach Compatsch.
Tipps und besondere Hinweise: Romantische und einfache Winterwanderung über den weißen Teppich der Seiser Alm, die sich großteils abseits von Liften und Langlaufloipen erstreckt.

AUSGANGSORT
Compatsch (1880 m)

AUF EINEN BLICK
Compatsch - Mahlknechthütte - Saltria

HÖHENUNTERSCHIED
ca. 340 m

HÖCHSTE WEGSTELLE
Mahlknechthütte (2054 m)

REINE GEHZEIT
2 Std.

WEGLÄNGE
ca. 8 km

SCHWIERIGKEIT
2-Bergschuh-Wanderung

WANDERKARTEN
Freytag & Berndt, Blatt S 1 (Bozen - Meran und Umgebung); Kompass, Blatt 54 (Bozen) und Blatt S 5 (Cortina d'Ampezzo - Marmolada - St. Ulrich); Kompass, Blatt 54 (Bozen)

Winterliche Stimmung auf der Alm. Die Wiesen sind verschneit und der Langkofel mit den Fünf-Fingerspitzen im Hintergrund ist ebenfalls weiß gekleidet.

15 Seiser Alm, Dolomiten

Wanderhotel Icaro

WANDERHOTEL ICARO

Verweilen Sie im Paradies der Dolomiten und entspannen Sie im neuen alpenländischen Ambiente des Hotel Icaro. Die unvergleichliche Naturlandschaft der Seiseralm ist für jedermann ein Genuss.
Die Wanderprogramme, die Ihnen in diesem Hause geboten werden, werden zu einzigartigen Erlebnissen durch die einzigartige Landschaft, angemessene Bewegung und heitere Geselligkeit.

Wanderhotel Icaro***
Familie Sattler
Piz 18/1
I-39040 Seiseralm

Tel.: +39/0471/72 99 00
Fax: +39/0471/72 99 99
E-Mail: info@hotelicaro.com
www.hotelicaro.com

Die Seiser Alm – eine Welt wie von Zauberhand geschaffen

Ein Pflanzenmeer wie nirgends sonst in den Dolomiten und Tiere uralter Vielfalt, ein Fußpfad im Gebirgsbach, eine Schwitzkur am Berghang, eine Genusstour im Fels: Auf der Seiser Alm gibt es alles für wahre Naturliebhaber. Die Seiser Alm ist ein Wandergebiet der Superlative: grüne Wiesen, umrahmt von einem Wegenetz, das über 300 Kilometer an Wanderwegen und Klettersteigen enthält, gute Luft, flüsternde Gebirgsbäche, scheue Tiere und seltene Mineralien.
Die Seiser Alm mit einer Höhe von 1850 bis 2300 Meter und einer Fläche von 54 Quadratkilometern ist die höchste Hochalm Europas. Sie ist ein Symbol für die Almwirtschaft schlechthin, wovon auch die unzähligen Almhütten und Heustadel zeugen.
Flora und Fauna der Seiser Alm präsentieren sich in ungeahnter Artenvielfalt: Enziane, Arnika, Glockenblumen, Kohlröschen, Primeln und schopfige Teufelskralle geben sich mit Rehen, Gämsen, Hirschen, Dachsen, Füchsen, Hasen, Murmeltieren, Birkhahn und Schneehahn, Steinadler und Eulen ein buntes Stelldichein.
Wenn der Winter mit Eis und Schnee hereinbricht, verwandelt sich die Seiser Alm in ein verzaubertes weißes Meer, aus dem Berge und Wälder wie kleine Inseln hervorragen. Winterferien im Schlerngebiet bedeuten natürlich vor allem Skifahren und Langlauf, aber auch entspannende Spaziergänge und Schneeschuhwanderungen inmitten der weißen Pracht mit einem atemberaubenden Panorama.
Der südwestliche Teil der Seiser Alm liegt seit über 30 Jahren im »Naturpark Schlern – Seiser Alm Süd« und steht damit unter besonderem Natur- und Landschaftsschutz.

Wanderung zur malerischen Hartlalm
Im Nordosten der Seiser Alm

Wegbeschreibung: Wir wandern südwärts zur Ritsch-Schwaige und über die Seiser-Alm-Straße oder teilweise auf dem abkürzenden Fußpfad 3 hinunter nach Saltria (1690 m), talabwärts weiter zum links abzweigenden Forstweg (Markierung 11). Nun folgen wir diesem leicht ansteigend bis zur Trojeralm (1755 m) und die Wald- und Wiesenhänge querend zum kleinen Hochplateau mit den Hütten der Hartlalm (1839 m; ab Ausgangspunkt 2 1/2 Std.). Hartl ist ein Bereich der Seiser Alm im Märchenschlaf. Kaum ein Wanderer kommt dorthin, Kenner aber wissen den Ort zu schätzen. Wir erleben das Blumenwunder der Seiser Alm. Ein einzigartiges Panorama umgibt uns: im Südosten der Lang- und Plattkofel, im Süden der Palacciaberg mit seinem schwarzen Vulkangestein, im Südwesten der Molignon und die Rosszähne sowie das Schlernmasiv; im Westen umgeben uns die saftigen Blumenwiesen der Seiser Alm, im Norden ragen Fermeda und Sas Rigais auf und im Nordosten sehen wir den Naturpark Puez-Geisler, den Sellastock und die berühmten Skiberge des Grödnertales.

Für die Rückkehr schlagen wir den kürzeren Weg 19 ein, wandern ostwärts zum Hotel Sonne (1850 m) und kehren auf dem Verbindungssträßchen zum Ausgangspunkt zurück (ab Hartlalm 1 1/2 Std.).

Tipps und besondere Hinweise: Leichte Wanderung für Erwachsene und Kinder auf schattigen Waldwegen, daher auch an heißen Tagen zu empfehlen. Entlang dem Zugangsweg gibt es mehrere Einkehrmöglichkeiten.

Rund um den Plattkofel
Begehung des berühmten Friedrich-August-Weges

Wegbeschreibung: Wir fahren mit dem Bus nach Saltria (1690 m) und lassen uns vom Florianlift bis zur Williamshütte bringen (2100 m; Einkehrmöglichkeit). Von dort steigen wir in 45 Minuten zur Plattkofelhütte auf (2300 m; bewirtschaftetes Schutzhaus). Als prächtige Höhenpromenade zwischen Rosengarten und der Sellagruppe steht der Friedrich-August-

AUSGANGSORT
Hotel Icaro (1910 m)

AUF EINEN BLICK
Hotel Icaro - Saltria - Trojeralm - Hartlalm - Hotel Sonne - Hotel Icaro

HÖHENUNTERSCHIED
200 m

HÖCHSTE WEGSTELLE
Hotel Sonne (1850)

REINE GEHZEIT
ca. 4 Std.

WEGLÄNGE
ca. 11 km

SCHWIERIGKEIT
2-Bergschuh-Wanderung

WANDERKARTEN
Freytag & Berndt, Blatt S 1 (Bozen - Meran und Umgebung); Kompass, Blatt 54 (Bozen) und Blatt S 5 (Cortina d'Ampezzo - Marmolada - St. Ulrich); Kompass, Blatt 54 (Bozen)

Oben: Typische Bauernalm der Seiser Alm mit dem Langkofel im Hintergrund.

Das wunderbare Winterpanorama der Seiser Alm. Hier kann man auch bei Schnee fantastisch die Sonne genießen.

AUSGANGSORT
Hotel Icaro (1910 m)

AUF EINEN BLICK
Saltria - Williamshütte - Plattkofelhütte - Sellajoch - Toni-Demetz-Hütte - Langkofelhütte - Confinböden - Saltria

HÖHENUNTERSCHIED
Im Aufstieg 540 m, im Abstieg 950 m

HÖCHSTE WEGSTELLE
Plattkofelhütte (2300 m)

REINE GEHZEIT
8 Std.

WEGLÄNGE
ca. 20 km

SCHWIERIGKEIT
5-Bergschuh-Wanderung

WANDERKARTEN
Freytag & Berndt, Blatt S 1 (Bozen - Meran und Umgebung); Kompass, Blatt 54 (Bozen) und Blatt S 5 (Cortina d'Ampezzo - Marmolada - St. Ulrich); Kompass, Blatt 54 (Bozen)

Der Weg zur Plattkofelhütte schlängelt sich an satten Wiesen und Almböden vorbei.

Weg unter Dolomitenkennern hoch im Kurs. Auf diesem Weg mit der Markierung 4/594 wandern wir am Südhang der großartigen Langkofelgruppe vom Fassajoch bis zum Sellajoch (2242 m). Fesselnde Ausblicke zur Marmolada begleiten uns; Einkehrmöglichkeiten bieten die Sandro-Pertini-Hütte und die Friedrich-August-Hütte. Am Sellajoch angelangt, schweben wir mit der Gondelbahn empor zur Toni-Demetz-Hütte (2681 m) in der Langkofelscharte. Nach einer kurzen Pause geht es nordseitig über Geröll hinunter zur Langkofelhütte (2253 m, bewirtschaftetes Schutzhaus), weiter hinunter zu den Confinböden und über einen breiten Weg zurück nach Saltria (1690 m).

Tipps und besondere Hinweise: Diese Tour erfordert Ausdauer und Trittsicherheit. Rutschfeste Bergwanderschuhe sowie die nötige Ausrüstung sind unerlässlich. Die sagenhafte Aussicht, prächtige Felsszenerien und die Ruhe sind überwältigend. Der Weg ist nach König Friedrich August III. von Sachsen (1865-1932) benannt, der um 1900 wiederholt in Seis weilte und viele Dolomitentouren durchführte. So wanderte er auch vom Sellajoch zum Almhaus Dialer.

Über die Seiser Alm zur Mahlknechthütte und nach Saltria Schneewanderung und Gaudirodeln

Wegbeschreibung: Wir fahren mit dem Panoramalift hinauf zum Joch mit dem Berggasthaus Panorama (2014 m). Bereits hier bietet sich ein herrlicher Blick über die Seiser Alm, die mit einer Ausdehnung von 50 Quadratkilometern als größte Hochalm Europas gilt. Mit den unverwechselbaren Bergformationen der Langkofelgruppe und des Schlerns im Hintergrund zählt sie aber auch zu den schönsten Landstrichen der Alpen. Im Winter ist die Seiser Alm ein Paradies für Skisportler, Winterwanderer und Freunde lustiger Rodelpartien.

Von der Bergstation wandern wir auf dem geräumten Schneeweg Nr. 7 über die weiten Böden und Hänge der Seiser Alm südwärts bis zur Wegteilung unter dem »Gasthaus Goldknopf« und links weiter auf gutem Weg durch die tief verschneite Winterlandschaft bis zur Mahlknechthütte (2053 m). Nach einer Einkehr erwartet uns eine gemütliche Rodelabfahrt (Rodeln werden zur Verfügung gestellt) zum Gasthaus »Tirler« (1741 m).

Tipps und besondere Hinweise: Die Fußwanderung verläuft auf gebahnten Wegen und weist nur geringe Höhenunterschiede auf. Warme Kleidung und gute Schuhe sind wichtig! Wir erleben eine herrlich verschneite Winterlandschaft mit prächtiger Aussicht. Einkehrmöglichkeiten bieten die Mahlknechthütte und der Gasthof Tirler.

AUSGANGSORT
Hotel Icaro

AUF EINEN BLICK
Icaro - Panorama - Mahlknechthütte - Saltria

HÖHENUNTERSCHIED
378 m

HÖCHSTE WEGSTELLE
Mahlknechthütte (2054 m)

REINE GEHZEIT
2 Std.

WEGLÄNGE
ca. 6 km

SCHWIERIGKEIT
1-Bergschuh-Wanderung

WANDERKARTEN
Freytag & Berndt, Blatt S 1 (Bozen - Meran und Umgebung); Kompass, Blatt 54 (Bozen) und Blatt S 5 (Cortina d'Ampezzo - Marmolada - St. Ulrich); Kompass, Blatt 54 (Bozen)

Oben: Typische Almsiedlung. Überall führen angenehme Spazierwege vorbei.

Die Seiser Alm auf dem Wanderweg von Saltria aus, im Hintergrund Lang- und Plattkofel.

16 St. Ulrich, Gröden
Alpenhotel Rainell

ALPENHOTEL RAINELL

Das Alpenhotel Rainell ist ein gepflegtes und geschmackvoll eingerichtetes Haus. Gastfreundschaft und vielleicht noch etwas mehr lassen große und kleine Urlaubswünsche wahr werden.
Die großen Grünanlagen verlocken im Sommer zum »dolce far niente« mit wohl einzigartigem Ausblick auf St. Ulrich (nur 10 Gehminuten vom Dorfzentrum) und die Dolomiten. Im Winter beginnt der Skispaß direkt vor dem Hotel. Eine großartige Aussicht auf wunderschöne Ferien!

Alpenhotel Rainell***
Familie Mahlknecht
Streda Vidalong 19
I-39046 St. Ulrich, Grödental

Tel.: +39/0471/79 61 45
Fax: +39/0471/79 62 79
E-Mail: info@rainell.com
www.rainell.com

St. Ulrich, die erste Ortschaft im Grödner Tal, ist nicht zuletzt durch den großen Alpinisten Luis Trenker bekannt geworden.

St. Ulrich in Gröden

St. Ulrich (1236 m; ladinisch Urtijëi) ist die größte und bedeutendste Ortschaft des bei Waidbruck von Osten in das Eisacktal mündende Grödner Tal. Das verhältnismäßig geschlossene Dorf, das vom Talgrund beidseitig der Annatal-Mündung sonnseitig ansteigt, hat bereits einen stadtähnlichen Charakter. Der Fremdenverkehr ist wichtigster wirtschaftlicher Pfeiler des Tales. St. Ulrich hat als Alpinistenzentrum lange Tradition. Schon im 19. Jahrhundert haben sich die ersten »Sommerfrischler« eingefunden, vornehmlich Bergsteiger und Wanderer. St. Ulrich ist auch der Geburtsort Luis Trenkers, der im 20. Jahrhundert als Bergsteiger und Bergführer, vor allem aber als Filmregisseur, Filmschauspieler und Buchautor berühmt wurde.
St. Ulrich bietet moderne Infrastrukturen, alpine Kultur und eine Fülle von Angeboten, die sich in einer Urlaubswoche gar nicht ausschöpfen lassen. Das Ortsbild wird vor allem von der überaus stattlichen barocken Pfarrkirche mit ihrem Zwiebelturm geprägt, die dem Hl. Ulrich geweiht ist und dem Ort den Namen gegeben hat. Sie soll bereits im 11. Jahrhundert erwähnt worden sein und stammt in der heutigen Form aus dem 18. Jahrhundert. Das Grödner Tal und damit auch der Raum St. Ulrich hat ein mustergültiges und beispielhaftes Wanderwegenetz für jedermann, das sowohl die tieferen Lagen des berühmten Tales als auch die Wälder und Almen erschließt und bis hinauf in das Hochgebirge der Grödner Dolomiten führt.

Die klassischen Wandergebiete sind die nicht weniger als 50 Quadratkilometer große Seiser Alm, die Almhöhen der Seceda mit den sich anschließenden Geislerspitzen, die ausgedehnte Raschötzer Alm, das Sellamassiv sowie das Massiv mit Langkofel und Plattkofel.
Von St. Ulrich aus führt ein Sessellift nordseitig hinauf zur Raschötz (2100 m) mit ihren Almflächen, nordostwärts eine zweiteilige Umlauf-Seilbahn zur aussichtsreichen Seceda (2450 m) und eine weitere Seilbahn südseitig zum Nordrand der Seiser Alm (2000 m).

Seceda und Regensburger Hütte
Almwanderung am Fuß der Geislerspitzen

Wegbeschreibung: Von St. Ulrich (1236 m) fahren wir mit der zweiteiligen Umlaufbahn hinauf zur Seceda (Bergstation 2453 m). Von der Bergstation führt uns Steig 2 B mit prächtigem Blick zu den Geislerspitzen nahezu eben über die sonnigen Bergwiesen der Aschgler Alm (etwas tiefer die Hütte der Troier Alm mit Ausschank). Wir erreichen nach kurzem Anstieg die Runcaudie-Schwaige direkt unter der Piera Longia, einem überhängenden Felszahn (2297 m). Nach weiterer Querung erreichen wir den Wiesenboden Plan Ciautier (ca. 2270 m, ab Seceda insgesamt knapp 1 1/2 Stunden), von wo wir auf Steig 13 südwestwärts über Almwiesen zur Regensburger Hütte absteigen (2037 m; bewirtschaftetes Schutzhaus; von da Abstieg in 1 1/2 Std. nach St. Christina möglich); ab Seceda knapp 2 Stunden.
Rückweg nach St. Ulrich: Von der Regensburger Hütte wandern wir auf Weg 4 in ca. 20 Minuten westwärts zum Col Raiser (2107 m; von hier evtl. mit der Umlaufbahn hinunter nach St. Christina und mit dem Bus zurück), dann folgen wir stets Markierung 4 hinunter zur Gamsbluthütte (1952 m). Nun wandern wir auf breitem Forstweg oberhalb der Runcaudie-Höfe hinaus zum Weiler Sacun/St.Jakob und auf der Weilerzufahrt zurück nach St. Ulrich (2 1/2 Std.).
Tipps und besondere Hinweise: Leichte Wanderung, die großteils eben verläuft. Zuerst führen uns sonnige Almwege zur Regensburger Hütte, deren Name an die Alpenvereinssektion erinnert, die das Schutzhaus 1888 errichtete; dann kehren wir in langer Talwanderung zurück zum Ausgangspunkt.

AUSGANGSORT
St. Ulrich (1236 m)

AUF EINEN BLICK
St. Ulrich - Bergstation Seceda - Troier Alm - Runcaudie-Schwaige - Regensburger Hütte - St. Christina - Col Raiser - St. Jakob - St. Ulrich

HÖHENUNTERSCHIED
1217 m

HÖCHSTE WEGSTELLE
Seceda (Bergstation, 2453 m)

REINE GEHZEIT
5 Std.

WEGLÄNGE
ca. 12 km

SCHWIERIGKEIT
3-Bergschuh-Wanderung

WANDERKARTEN
Freytag-Berndt, Blatt S 5 (Cortina d'Ampezzo - Marmolada - St.Ulrich); Kompass, Blatt 59 (Sellagruppe)

Oben: Der Sellastock strahlt in seiner ganzen Pracht.

Blick über das Villnößtal auf die Geislerspitzen.

Von Monte Pana zur Langkofelhütte
Ins Herz der Langkofelgruppe

Wegbeschreibung: Anfahrt von St. Ulrich entweder mit dem Auto nach St. Christina und weiter nach Monte Pana oder aber mit dem Autobus nach St. Christina und von dort mit dem Sessellift nach Monte Pana (1636 m, Hotel).

Von Monte Pana bringt uns ein Sessellift auf den Mont de Seura (2025 m). Hier wandern wir auf dem Weg 526 B in ca. 15 Minuten zum Ciaulong-Sattel (ca. 2080 m), wo wir auf den Steig 526 treffen. Über diesen erreichen wir unter den gewaltigen Nordwestwänden des Langkofels die Langkofelhütte (2253 m; Schutzhütte mit Sommerbewirtschaftung, ab Monte Pana knapp 1 $^1/_2$ Std.).

Abstieg: Von der Hütte hinunter zur Weggabel, hier links der Markierung 525 folgend über einen steilen Schotterweg (Santnerweg) hinunter zu den schönen Bergwiesen der Cunfinböden (Plan de Cunfin). Wir wandern nahezu eben auf dem breiten Forstweg mit der Markierung 30 und auf diesem rechts abbiegend zurück nach Monte Pana (ab Langkofelhütte 2 Std.).

Tipps und besondere Hinweise: Unschwierige Wanderung auf großteils schönen, durch Wald und Wiesen führenden Wegen; nur die schottrigen Steilhänge unter der Langkofelhütte sind etwas mühsam zu bewältigen. Das Schutzhaus steht in geradezu atemberaubender Lage unter den senkrecht in den Himmel schießenden Felsbastionen von Langkofel, Plattkofel und Kofelkarspitze.

AUSGANGSORT
Monte Pana (1636 m)

AUF EINEN BLICK
Monte Pana - Mont de Seura - Langkofelhütte - Cunfinböden - Seiser Alm - Monte Pana

HÖHENUNTERSCHIED
617 m

HÖCHSTE WEGSTELLE
Langkofelhütte (2253 m)

REINE GEHZEIT
3 $^1/_2$ Std.

WEGLÄNGE
ca. 8 km

SCHWIERIGKEIT
3-Bergschuh-Wanderung

WANDERKARTEN
Freytag-Berndt, Blatt S 5 (Cortina d'Ampezzo - Marmolada - St.Ulrich); Kompass, Blatt 59 (Sellagruppe)

Der Langkofel, das Wahrzeichen Grödens, mit einer herrlich blühenden Dotterblumenwiese im Vordergrund

Überquerung des Sellastocks
Der Berg der Ladiner

Wegbeschreibung: Von St. Ulrich mit dem Autobus zum Grödner Joch (2121 m). Von da auf Steig 666 südostwärts hinauf ins Felsental Val Setus und durch dieses auf gesichertem, nicht schwierigem, aber steilem Klettersteig hinauf zur Pisciadùhütte (2585 m, bewirtschaftete Schutzhütte nahe dem malerischen Pisciadùsee; ab Grödner Joch ca. 1 $^1/_2$ Std.). Weiterhin auf Steig 666 südwärts hinauf, über drahtseilgesicherte Felsklippen und durch den Val-Tita-Kessel empor zu einem flachen Bergrücken (ca. 2965 m), südseitig kurz über die geröllbedeckte Abdachung hinunter zu Weggabel (ca. 2900 m) und über den drahtseilgesicherten »Coburger Weg« in leichtem Auf und Ab südostwärts zur Boèhütte (2871 m; ab Pisciadùhütte ca. 2 Std.). Weiter geht es auf Steig 627 in ca. 45 Minuten nahezu eben über felsige Böden südwestwärts zur Pordoischarte (2829 m, Gaststätte; von da gleich Abstieg auf Serpentinensteig 627 zum Pordoijoch möglich, ca. 1 Std.), und westseitig in ca. 20 Minuten hinauf zur Pordoispitze mit der Bergstation der Pordoi-Seilbahn (2950 m, Gaststätte). Mit dieser fahren wir hinunter zum Pordoijoch an der Dolomitenstraße (2239 m, Gastbetriebe, Bushaltestelle). Die Rückkehr mit dem Autobus erfolgt über das Sellajoch nach St. Ulrich.

Tipps und besondere Hinweise: Große Überschreitung, die fast bis auf 3000 Meter Höhe führt und über ausgesetzte Felshänge mit Klettersteigen verläuft. Daher nur für erprobte, trittsichere und bergerfahrene Geher geeignet! Auf verlässliches Wetter achten!

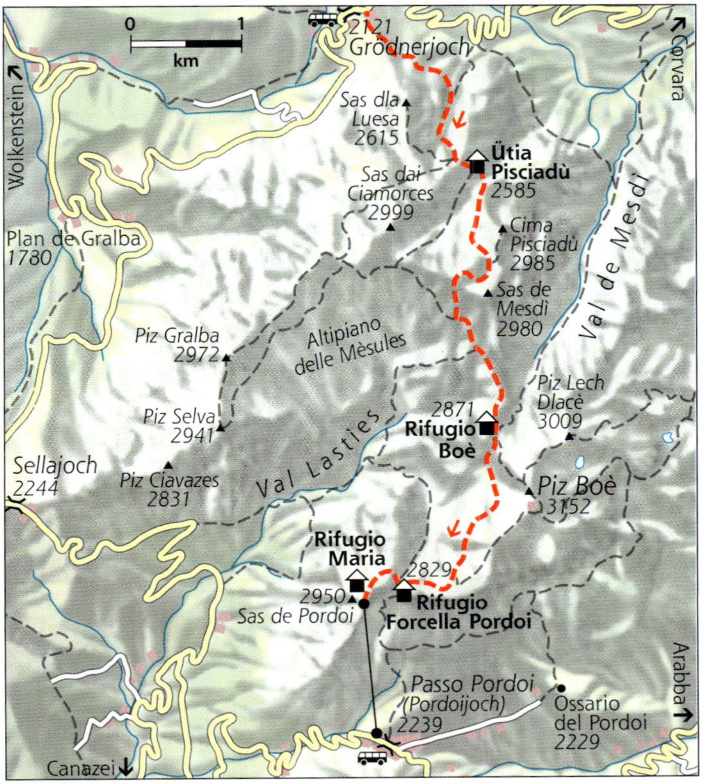

AUSGANGSORT
Grödner Joch (2121 m)

AUF EINEN BLICK
Grödner Joch - Pisciadùhütte - Boèhütte - Pordoispitze - Pordoijoch

HÖHENUNTERSCHIED
829 m

HÖCHSTE WEGSTELLE
Pordoispitze (2950 m)

REINE GEHZEIT
4 1/2 Std.

WEGLÄNGE
ca. 8 km

SCHWIERIGKEIT
5-Bergschuh-Wanderung

WANDERKARTEN
Freytag-Berndt, Blatt S 5 (Cortina d'Ampezzo - Marmolada - St.Ulrich); Kompass, Blatt 59 (Sellagruppe)

Das Grödner Tal wird von mächtigen Bergstöcken umrahmt. Am herausragendsten sind das Grödner Joch, der Sellastock und der Langkofel.

17 St. Christina, Gröden
Dolomiti Hotel Dosses

DOLOMITI HOTEL DOSSES

Das Dolomiti Hotel Dosses ist ein Traditionsbetrieb im Tiroler Stil. Es liegt im sonnigen Dorfkern von St. Christina. Im Sommer ist das Hotel ein idealer Ausgangspunkt für Wanderungen, im Winter sind die Lifte nach Ciampinoi, das eine direkte Verbindung zur Sella ronda herstellt, nicht weit.

Dolomiti Hotel Dosses***
Oskar Turini
Via Dursan Straße 115
I-39047 St. Christina, Gröden

Tel.: +39/0471/79 33 26
Fax: +39/0471/79 37 11
E-Mail: info@dosses.it
www.dosses.it

St. Christina in Gröden

St. Christina liegt als ausgedehnte Siedlung im Herzen von Gröden, sozusagen in der »goldenen Mitte«! Wie prähistorische Funde beweisen, war die südexponierte Seite des Tales schon in grauer Vorzeit besiedelt; und diese herrliche Lage ist es auch heute noch, die St. Christina für den Einheimischen so wohnlich und für den Gast so anziehend macht. So liegt St. Christina in einer herrlich sonnigen und windstillen Lage direkt gegenüber dem Langkofel. Die Dorfkirche, deren Patrozinium dem Ort den Namen gegeben hat, steht mit ihrem hohen spitzen Turm etwas erhöht und weithin sichtbar am Hang.

Von ausgedehnten Wiesen und im weiteren Umkreis von schönen Wäldern umrahmt hat St. Christina immer noch ländlichen Charme, ist aber zugleich auch ein moderner Ferienort, der mit seinen zahlreichen Hotels, Beherbergungsbetrieben und sonstigen Infrastrukturen kaum noch Wünsche offenlässt.

Der Ort ist überraschend vielseitig und hält jeden Sommer eine reizvolle Mischung aus Natur, Kultur, Brauchtum und Möglichkeiten zur sportlichen Betätigung für seine Gäste bereit. Seilbahnen erschließen die umliegenden Höhen, und ein ausgedehntes, engmaschiges Netz an bezeichneten Wegen bietet die vielfältigsten Wander- und Tourenmöglichkeiten, angefangen von der gemütlichen Höfewanderung über die Durchquerung der Wälder und Bergwiesen bis zum hohen Bergpfad und gesicherten Klettersteig in der nördlich über St. Christina aufragenden Geislergruppe und in der gegenüberliegenden Langkofelgruppe. In diesen beiden Gebirgsgruppen wie natürlich auch in der Cirgruppe und Sel-

lagruppe findet auch der wagemutige Felskletterer ein großartiges Betätigungsfeld; und schließlich bilden eine Reihe von Almhütten und alpinen Schutzhütten sehr beliebte Wanderziele.
Die Autostraßen, die vom inneren Grödner Tal das Grödner Joch in Richtung Gadertal und das Sellajoch in Richtung Fassatal überschreiten, führen bis unmittelbar an den Fuß des Sellastocks und der Langkofelgruppe mit ihren himmelhoch aufragenden Felsbastionen heran.

Überquerung der Seiser Alm «Schlendertour« mit Genuss

Wegbeschreibung: Mit dem Linienbus fahren wir nach St. Ulrich (1236 m) und von dort mit der Seilbahn hinauf zum Mont Seuc (2005 m). Nun stets der Markierung 9 folgend zuerst auf der Autozufahrt über die Schgaguler-Schwaige hinunter zum Hotel Sonne, dann auf einfachem Weg (Markierung 9) immer leicht absteigend über ausgedehnte Wiesen mit Prachtblick zur Langkofelgruppe hinunter nach Saltria (1690 m, Hotels und Gastbetriebe). Auf schmaler Straße mit der Markierung 8/9 wandern wir in gut 20 Minuten eben südwärts zum Almgasthof Tirler (1741 m; ab Mont Seuc 2 Std.), wo wir unsere Mittagspause einlegen. Hier steht ein Denkmal für Luis Trenker, den großen Sohn von Gröden, in Erinnerung an die vielen Filmszenen, die er hier gedreht hat. Nach der Rast spazieren wir wieder hinaus nach Saltria, folgen von dort Markierung 30 und wandern auf dem breitem Forstweg, vorbei an den rustikalen Einkehrstätten Radauerschwaige und Saltnerschwaige, durch Wald ganz leicht ansteigend zur ausgedehnten Prieswiese. In ebener und leicht absteigender Wanderung durch Wald und Wiesen kommen wir wieder nach Monte Pana (1636 m; Gastbetriebe, Sessellift-Bergstation, Parkplätze; ab Saltria gut 2 Std.). Von Monte Pana kehren wir schließlich mit dem Sessellift (zu Fuß $^1/_2$ 2 Std.) zurück nach St. Christina (1426 m).
Tipps und besondere Hinweise: Bei dieser in jeder Hinsicht leichten und problemlosen Wanderung lernen wir das Staunen über die Weite und Stille der Seiser Alm!

AUSGANGSORT
Mont Seuc (2005 m)

AUF EINEN BLICK
Mont Seuc - Seiser Alm - Saltria - Tirler - Monte Pana

HÖHENUNTERSCHIED
ca. 370 m

HÖCHSTE WEGSTELLE
Mont Seuc (2005 m)

REINE GEHZEIT
ca. 4 $^1/_2$ Std.

WEGLÄNGE
ca. 10 km

SCHWIERIGKEIT
3-Bergschuh-Wanderung

WANDERKARTEN
Freytag-Berndt, Blatt S 5 (Cortina d'Ampezzo - Marmolada - St.Ulrich); Kompass, Blatt 59 (Sellagruppe)

Links: Prähistorische Funde beweisen, dass St. Christina bereits in grauer Vorzeit besiedelt war. Heute ist das Dorf ein moderner Ferienort.

Dieses Panorama bietet sich uns bei der Überquerung der Seiser Alm.

AUSGANGSORT
Sellajochhaus (2180 m)

AUF EINEN BLICK
Sellajochhaus - Langkofelscharte - Langkofelhütte - Murmeltierhütte - Jendertal - St. Christina

HÖHENUNTERSCHIED
1200 m (abwärts)

HÖCHSTE WEGSTELLE
Langkofelscharte (2680 m)

REINE GEHZEIT
ca. 5 – 6 Std.

WEGLÄNGE
ca. 12 km

SCHWIERIGKEIT
5-Bergschuh-Wanderung

WANDERKARTEN
Freytag-Berndt, Blatt S 5 (Cortina d'Ampezzo - Marmolada - St.Ulrich); Kompass, Blatt 59 (Sellagruppe)

Durchquerung der Langkofelgruppe
Eine »königliche« Bergwanderung

Wegbeschreibung: Wir fahren mit dem Bus von St. Christina zum Sellajochhaus. Von dort nehmen wir den Korblift zur bewirtschafteten Toni-Demetz-Hütte, die in der Langkofelscharte steht (2680 m). Hier erwartet uns ein steiler Abstieg auf steinigem, stellenweise auch rutschigem, aber nirgends ausgesetztem Steig hinunter zur Langkofelhütte (2250 m, bewirtschaftetes Schutzhaus), wo wir unsere Mittagspause einlegen. Auf dem Hüttenweg wandern wir hinunter bis zum links abzweigenden Steig 527 und auf diesem unter der Nordflanke des Plattkofels westwärts zum Piz da Uridl (2101 m) und weiter zur Murmeltierhütte (2132 m; Ausschank). Wir wandern hinunter zur Zallingerhütte und zur Williamshütte (2100 m) und fahren mit dem Sessellift nach Saltria (1690 m; Gaststätten). Von da wandern wir, stets der Markierung 18 folgend, auf dem breiten Forstweg durch das waldreiche Jendertal hinaus.

Vom Hof Biei steigen wir gerade hinunter ins Tal und gelangen jenseits über den Weiler Soplases wieder nach St. Christina zurück (ab Saltria 2 Std.).

Tipps und besondere Hinweise: Diese Wanderung führt nur abwärts und ebenhin; trotzdem ist es eine wirklich »königliche« Tour, denn sie ist hochalpin und führt uns in die hohe Felsenwelt der Langkofelgruppe. Wir lernen hautnah und beeindruckend Gröden und die Dolomiten kennen, ein Weltwunder der Natur.

Rechts: Der Rückweg durch das Jendertal bringt uns der Urtümlichkeit der Landschaft näher. Der Bach läuft in seinem Steinbett durch den Wald.

Gemütliche Einkehr bei einer der zahlreichen Hütten auf unser Wandertour.

Von St. Christina zur Steviahütte
Weg der Teufelskrallen

Wegbeschreibung: Von St. Christina mit der Umlaufbahn hinauf zum Col Raiser (2107 m; Gaststätte). Nun auf Weg 4 ostwärts in 20 Minuten zur großen, bewirtschafteten Regensburger Hütte (2037 m) und kurz auf dem breiten Hüttenweg hinunter zur Abzweigung des Steiges 17 B. Auf diesem nun sehr steilen, aber ungefährlichen Aufstieg hinauf in die Piza-Scharte (2495 m; ab Regensburger Hütte ca. 1 1/2 2 Std.). Überwältigendes Auftauchen von der Schlucht der finsteren Schatten ins Licht!

Von der Scharte auf Steig 17 kurzer Abstieg zur bewirtschafteten Steviahütte mit einmaliger Aussicht (2312 m). Wir wandern weiterhin auf Weg 17 leicht absteigend – die Teufelskralle steckt hier irgendwo in den senkrechten Felswänden – zu einer kleinen Schlucht mit Tiefblick ins Langental, dann folgt ein kurzer Aufstieg zur Silvesterscharte (2280 m) und von da über den etwas rutschigen, aber sonst guten Weg über felsiges Gelände und durch Wald hinunter zur bewirtschafteten Juac-Hütte (1903 m, Ausschank). Die Wanderung führt uns nun über den breiten Zufahrtsweg nordwestlich kurz hinunter ins Cislestal und auf dem breiten Weg 1 durch Wiesen und Wälder den Cislesbach entlang talab zur Talstation der Col-Raiser-Bahn (1551 m; ab Steviahütte knapp 2 Stunden).

Tipps und besondere Hinweise: An unserem Weg findet sich die Schopf-Rapunzel oder »Teufelskralle«. Es ist dies eines der wenigen Vorkommen in den Dolomiten, wo auch der Freizeit-Wanderer die seltene Blume ansehen kann. Die Tour ist nicht schwierig, erfordert aber Übung im Bergwandern.

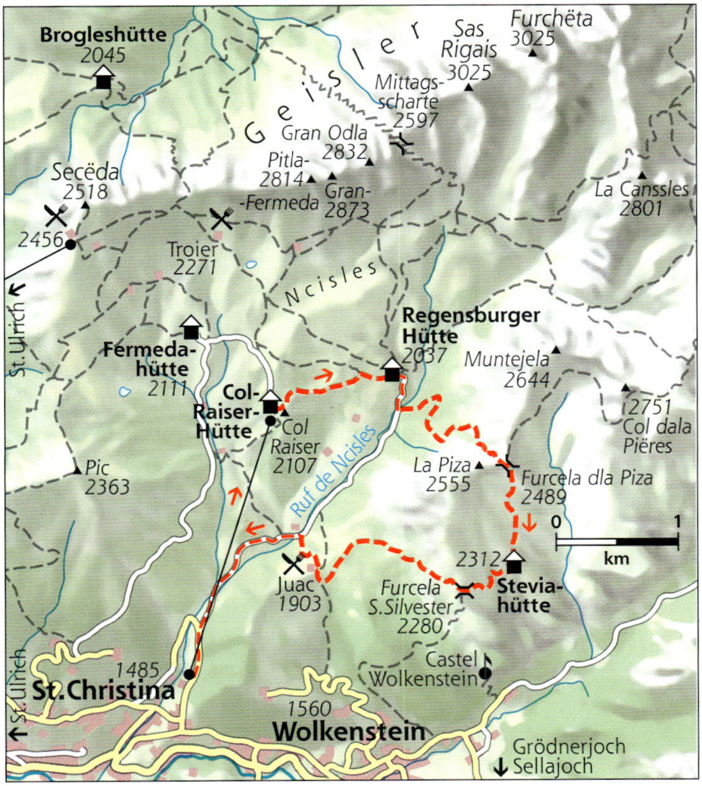

AUSGANGSORT
Col Raiser (2107 m)

AUF EINEN BLICK
Col Raiser - Piza-Scharte - Stevia - Juac-Hütte - St. Christina

HÖHENUNTERSCHIED
aufwärts 450 m, abwärts 900 m

HÖCHSTE WEGSTELLE
Piza-Scharte (2489 m)

REINE GEHZEIT
4 Std.

WEGLÄNGE
ca. 9 km

SCHWIERIGKEIT
4-Bergschuh-Wanderung

WANDERKARTEN
Freytag-Berndt, Blatt S 5 (Cortina d'Ampezzo - Marmolada - St.Ulrich); Kompass, Blatt 59 (Sellagruppe)

Der letzte Aufstieg zur Piza-Scharte. Dort oben zu stehen, belohnt alle Aufstiegsmühen.

18 Feldthurns, Eisacktal
Hotel Unterwirt

HOTEL UNTERWIRT

Der Unterwirt im Eisacktaler Mittelgebirge liegt besonders günstig: Gut gewählte Wanderhotel-Bergerlebnisse im alpinen Hochgebirge und in den Dolomiten liegen genauso nahe wie Mountainbike-Abenteuer durch Kastanienhaine und Weinberge. Neben der familiär-persönlichen Betreuung prägt das Motto Lebenslust den Aufenthalt. Dem entsprechen das exquisite Kulinarium mit Eisacktaler Kost, vegetarischen Leckerbissen und mediterranen Würzigkeiten, das ausgesuchte Aktivitätsprogramm mit Zielen in ganz Südtirol und die speziellen Wellness- und Fitnessangebote, die alte Tiroler Badekultur mit modernsten Komfortansprüchen und Naturprodukten der Feldthurner Umgebung verbinden.

Hotel Unterwirt***
Familie Tauber
Dorf 8
I-39040 Feldthurns/Südtirol

Tel.: +39/0472/85 52 25
Fax: +39/0472/85 50 48
E-Mail: hotel@unterwirt.com
www.unterwirt.com

Rechts: Die Pfarrkirche von Feldthurns mit dem Brixner Hausberg, dem Plose, im Hintergrund.

Die Gaststube im Hotel Unterwirt

Feldthurns und seine Umgebung

Der freundliche Ferienort Feldthurns im Eisacktal (850 m), sonnig auf einer bewundernswerten Mittelgebirgsterrasse mit herrlicher Aussicht auf die Dolomiten gelegen, zählt einschließlich seiner sieben Fraktionen 2500 Einwohner. Der Ort ist von der Autobahnausfahrt Klausen auf guter Autostraße (4 km) leicht und rasch erreichbar. Auch von Brixen führt eine gute Straße (8 km) nach Feldthurns. Und selbstverständlich gibt es Omnibusverbindung.

In Feldthurns, das von einer bemerkenswerten Kulturlandschaft umgeben wird, wächst der Wein bis in 750 m Höhe, Obst wird besonders geschätzt und in höheren Lagen breiten sich gut gepflegte Wiesen und schöne Almen aus. Die Bauern erzeugen schmackhafte Milchprodukte und guten Speck. Die Kastanien werden in Feldthurns besonders genutzt (es gibt hier 3360 schöne Kastanienbäume) und verschönern nicht nur die Landschaft, sondern bringen den Bauern zusätzliches Einkommen. Beim beliebten »Törggelen« sind sie nicht wegzudenken.

Die Gäste genießen in Feldthurns besonders die Ruhe, die gute Luft und die Sonne, die herrlichen Spazier- und Wanderwege, die schöne Landschaft und das Freibad. Zudem sind die schnellen Anbindungen an die umliegenden Städte und Ausflugsziele äußerst praktisch.

Eine kulturgeschichtliche und kunsthistorische Sehenswürdigkeit ersten Ranges ist das Schloss Velthurns, ein wunderbares Renaissance-Schloss, erbaut um 1578 von den Bischöfen von Brixen.

Ein bestens gepflegtes Netz von leichten bis zünftigen Wanderrouten erschließt die ausgedehnte Siedlungslandschaft mit ihren weit verstreuten Berghöfen und Weilern wie auch die schönen Feldthurnser Hochalmen und die darüber aufragenden Berge, auf denen sich mit der Kirche zum Latzfonser Kreuz die höchste Wallfahrtsstätte Europas befindet. Die herrliche Lage, die vielfältigen Ausflugsmöglichkeiten und im Winter die nahen Skipisten in der Umgebung machen aus Feldthurns einen besuchenswerten Ferienort für alle vier Jahreszeiten!

Feldthurnser Kastanienwanderweg
Die klassische Wanderung zum Kloster Säben

Der Radoar-Biobauernhof mit seinen Produktverkostungen ist das gesamte Jahr ein besonderer Geheimtipp.

Wegbeschreibung: Der Markierung 12 folgend geht es zuerst zum Kirchlein St. Antonius, dann geradeaus zu den Höfen Radoar und Moar, rechts leicht ansteigend durch Äcker und stets auf Markierung 12 zum Kastanienhain und zum einsam gelegenen Weinbrennerhof (860 m). Wir wandern auf Weg 12 weiter durch Föhrenwald und Wiesen zum Hof Moar zu Viersch mit hübscher Josefskapelle (863 m). Von da geht es absteigend zur Häusergruppe Pardell (775 m; Kapelle mit Gedenktafel aus den Freiheitskriegen) und nun Markierung 1 folgend auf schmaler Zufahrtsstraße an Höfen vorbei in Kehren hinunter nach Säben (729 m; Besichtigung der historischen Stätten und der schönen Kirchen). Der Burgfelsen von Säben war schon seit prähistorischer Zeit besiedelt, trug in der zweiten Hälfte des 1. Jahrtausends den im 10. Jahrhundert nach Brixen verlegten Bischofssitz, später die Burg der Herren von Säben und schließlich, neben mehreren Kirchen, seit dem späten 17. Jahrhundert das heute noch bestehende Benediktinerinnenkloster.

Von Säben steigen wir nach Belieben auf einem von zwei gleich schönen Wegen (Pilgerweg mit Markierung 1 oder Säbener Promenade) ins malerische Städtchen Klausen ab (525 m; verschiedene Einkehrmöglichkeiten, historischer Kern). Für den letzten Teil des Rückweges nehmen wir den Bus nach Feldthurns.

Tipps und besondere Hinweise: Gemütliche und teilweise aussichtsreiche Wanderung; sie führt durch die typische ländliche Kulturlandschaft des unteren Eisacktals mit ihren Wiesen, Bauernhöfen und Kastanienbäumen. Säben und Klausen sind bedeutende Kulturstätten. Die Wanderung ist auch Senioren und Familien mit Kindern sehr zu empfehlen.

Königsanger und Radlsee
Panoramawanderung zum »Hausberg« von Feldthurns

Wegbeschreibung: Mit dem Auto fahren wir von Feldthurns über das Bergdörfchen Garn hinauf zum Garner Wetterkreuz mit Parkplatz (1410 m). Von dort folgen wir Markierung 10 und steigen den Fußweg hinauf zum Garner Berg. Durch Waldzonen und Bergwiesen geht es bergan zur Waldgrenze, über den »Munschegg-Steig« weiter zu Weg 8 (ca. 2230 m). Von da steigen wir ohne Markierung gerade hinauf zur Königsangerspitze (2436 m; ab Garner Wetterkreuz knapp 3 Std.). Dieser Schlussanstieg ist zwar weglos, aber das Gipfelkreuz weist die Richtung. Vom Königsanger gelangen wir über einen mittelsteilen Steig mit Markierung 7 ostwärts hinunter zum Radlseehaus (2284 m) am gleichnamigen See. Nachdem wir das einmalige Panorama ausgekostet haben, treten wir den Rückweg an. Dabei queren wir vom See auf Weg 8/10 südwestwärts zu dem auf-

AUSGANGSORT
Feldthurns (856 m)

AUF EINEN BLICK
Feldthurns - Pardell - Säben - Klausen

HÖHENUNTERSCHIED
331 m

TIEFSTE WEGSTELLE
Klausen (525 m)

REINE GEHZEIT
2 Std.

WEGLÄNGE
ca. 5 km

SCHWIERIGKEIT
2-Bergschuh-Wanderung

WANDERKARTEN
Freytag & Berndt, Blatt S 1 (Bozen - Meran und Umgebung); Kompass, Blatt 56 (Brixen)

***Oben links:** Der Turm des Kloster Säbens, beim Abstieg zur Künstlerstadt Klausen kommen wir daran vorbei.*

***Oben:** Die Kastanie, eine beliebte Delikatesse im gesamten Eisacktaler Raum.*

AUSGANGSORT
Parkplatz Garner Wetterkreuz (1410 m)

AUF EINEN BLICK
Garner Wetterkreuz - Königsanger - Radlseehütte - Bruggerschupfe - Parkplatz/Garner Wetterkreuz

HÖHENUNTERSCHIED
1026 m

HÖCHSTE WEGSTELLE
Königsangerspitze (2436 m)

REINE GEHZEIT
ca. 5 Std.

WEGLÄNGE
ca. 11 km

SCHWIERIGKEIT
3-Bergschuh-Wanderung

WANDERKARTEN
Freytag & Berndt, Blatt S 1 (Bozen - Meran und Umgebung); Kompass, Blatt 56 (Brixen)

***Oben:** Auf dem Weg zum Königsanger mit Blick auf die Radlseehütte*

wärts benützten Steig, legen beim Abstieg auf diesem noch bei der urigen Jausenstation »Bruggerschupfe« (2000 m) eine Rast ein und kehren anschließend zum Ausgangspunkt am Garner Wetterkreuz zurück.

Alternative Route: Anfahrt bis Kühhof (1587 m, Parkplatz), von dort über den Wirtschaftsweg mit Markierung 17 zur die Klausner Hütte (1920 m, Einkehrmöglichkeit) und weiter über die Markierung 5/7 zum Königsanger.

Tipps und besondere Hinweise: Diese Wanderung ist an sich leicht und problemlos, der lange Anstieg erfordert aber doch eine gewisse Gehtüchtigkeit und gutes Schuhwerk. Ein unvergessliches Erlebnis ist eine Sonnenaufgangstour bis zum Königsanger und ein Bergfrühstück an der Radelseehütte mit anschließender Rundwanderung zum Latzfonser Kreuz, dem höchsten Wallfahrtsort Europas. Die Königsangerspitze ist durch Funde als Urzeitstätte ausgewiesen (wohl ein Opferplatz). Die in ihren Ursprüngen fast 100 Jahre alte Radlseehütte am sagenumwobenen See gleichen Namens bietet neben hervorragender Bewirtung mit deftiger Hausmannkost einen wunderbaren Panoramablick.

Von der Zanser Alm auf den Peitlerkofel (auch eine tolle Schneeschuhwanderung)

Klassische Gipfeltour im Villnößtal

Wegbeschreibung: Anfahrt mit Auto oder Bus zur Zanser Alm an der Naturparkgrenze (große Parkplätze; 1670 m, Einkehrmöglichkeiten). Nun wandern wir auf der Straße zum nahen Gasthaus Sas Rigais und dann auf einem Forstweg durch Wiesen und Wald den Tschantschenonbach entlang taleinwärts hinauf zur Almstraße, die zur Schlüterhütte führt.

Auf dieser Straße steigen wir in Kehren zur Waldgrenze an, erreichen durch Almwiesen die Gampenalm (2062 m, gut 1 Std.; Einkehrmöglichkeit) und steigen entweder rechts auf dem breiten Güterweg oder links auf dem steileren Fußpfad zur Schlüterhütte auf (2297 m, bewirtschaftetes Schutzhaus; ab Zanser Alm gut 2 Std.; hier evtl. Nächtigung). Vom Schutzhaus folgen wir Markierung 4 ostwärts hinauf zum nahen Kreuzkofeljoch (2340 m) und von dort links hinüber zur Peitlerscharte (2357 m,

AUSGANGSORT
Zanser Alm (1670 m)

AUF EINEN BLICK
Zanser Alm - Gampenalm - Schlüterhütte - Peitlerkofel - retour

HÖHENUNTERSCHIED
1205 m

HÖCHSTE WEGSTELLE
Peitlerkofel (2873 m)

REINE GEHZEIT
7 Std.

WEGLÄNGE
ca. 14 km

SCHWIERIGKEIT
5-Bergschuh-Wanderung

WANDERKARTEN
Freytag & Berndt, Blatt S 5 (Cortina - Marmolata - St. Ulrich); Kompass, Blatt 56 (Brixen)

3/4 Std.). Wir steigen wir auf gutem Steig durch eine steile Grasmulde in vielen Serpentinen nordostwärts empor zu den Gipfelfelsen des Berges und erklimmen teils über ausgesetzte, aber mit Fixseilen versicherte Stellen, teils auf schotterigem Steig schließlich den breiten Gipfel des Peitlerkofels (2873 m; ab Schlüterhütte 2 Std.). Bei klarer Luft bietet sich ein vielfältiges Panorama.
Absteigend folgen wir dem Anstiegsweg (Gehzeit: 3 Std.).
Tipps und besondere Hinweise: Die Gipfeltour – das letzte Stück besteht aus 70 Metern Klettersteig, ca. 25 Minuten – auf einen bekannten, freistehenden Dolomitengipfel, der im Hochsommer sehr stark besucht wird, ist absolut trittsicheren, schwindelfreien und bergerfahrenen Gehern vorbehalten; Kinder und Ungeübte ans Sicherungsseil! Für die anderen geht es ca. 15 Minuten geradeaus weiter zum kleinen Peitler. Auch von dort aus hat man eine herrliche Aussicht über das mittlere Eisacktal. Ein unvergessliches Erlebnis ist der Sonnenaufgang auf dem Peitlerkofel!

Oben: Das Gipfelkreuz des Peitlerkofels in der Abenddämmerung.

Linke Seite: Herrlicher Ausblick auf die Geisler Spitzen – ein unvergessliches Panorama auf dem Weg um den Radlsee.

19 Lüsen, Eisacktal
Natur- und Wanderhotel Lüsnerhof

NATUR- UND WANDERHOTEL LÜSNERHOF

Die Liebe zur Natur äußert sich im neu erbauten Lüsnerhof in seiner biologisch orientierten Bauweise, die die Urtümlichkeit und die Gegebenheiten des unberührten Lüsnertales in seine Gestaltung einfließen lassen.
Lerchenholz, Naturgestein und Holztäfelungen tragen den Puls der Natur in die heimeligen Räumlichkeiten.
Die Wellnessabteilung bietet Massage, Bäder und Fitnessräume. Fast täglich werden Wanderungen in die Abgeschiedenheit der Lüsner Berge unternommen, im Winter mit Schneeschuhen. Beim Heimattheater oder beim Gartenfest mit Lüsnerhof´s Hausmusik wird getanzt und gelacht.

Natur- und Wanderhotel Lüsnerhof****
Familie Franz Hinteregger
I-39040 Lüsen

Tel.: +39/0472/41 36 33
Fax: +39/0472/41 35 92
E-Mail: hotel@luesnerhof.com
www.naturhotel.it

Blick über das gesamte Lüsental, der Pforte zu den Dolomiten. Das Bild des Dorfes wird von der barocken Pfarrkirche zum Hl. Georg bestimmt.

Das Lüsental – Pforte zu den Dolomiten

Das Lüsner Tal erstreckt sich vom Brixner Becken nordostwärts. Eine gute, in Brixen beginnende Straße führt in das Tal und verbindet sich hoch oben mit den ins Gadertal und ins Villnößtal führenden Straßen. Eine andere Bergstraße erschließt die hohen Bauernhöfe der Fraktion Lüsen-Berg und leitet in das Gemeindegebiet von Rodeneck über. Durch die Straßenübergänge Würzjoch und Halsl ist das Lüsner Tal verkehrsmäßig mit der großartigen Landschaft der Dolomiten verbunden, und einer ihrer prächtigsten Berge, der Peitlerkofel, ragt über dem Scheitel des Lüsner Tales mit seinen senkrechten Felsmauern kühn in den blauen Himmel.
Auf der Südseite des Tales hingegen erhebt sich der breite Plosestock, Brixens bekannter Hausberg, und an der Nordseite umrahmt der sanft geformte Lüsner Kamm das Tal. Die sonnigen Südhänge dieses Kammes umfassen die Lüsner Siedlungslandschaft, die aus zahlreichen, weit verstreuten Bergbauernhöfen und aus dem stattlichen Dorf Lüsen besteht, das von ausgedehnten Wiesen und Feldern umrahmt wird. Beherrscht wird das Dorfbild von der spitztürmigen, dem Hl. Georg geweihten Pfarrkirche, einem gotischen, im 18. Jahrhundert barockisierten und nach dem Brand von 1921 erweiterten Bau. Der gotische Turm zeigt die Jahrzahl 1472 und spitzbogige Schallfenster. Erwähnenswert sind auch die um 1400 erbaute Kilianskirche im Dorf, die gotische Nikolauskirche im Weiler Petschied und das weithin sichtbare Kirchlein von Flitt. Abgesehen von manchem schönen Bauernhaus besitzt Lüsen an profaner historischer Bausubstanz im unteren Dorfbreich den gut erhalten gebliebenen und jüngst restaurierten Ansitz Maierhof, während von der einstigen, ein Stück außerhalb des Dorfes auf einer sonnseitigen Kuppe gelegenen Burg Lüsen nur noch wenige letzte Mauerreste zu finden sind.
Lüsen hat sich vor allem in jüngerer Zeit zu einem beliebten Ferienort mit einer Reihe von alpenländisch-gemütlichen und gleichzeitig modernen Gastbetrieben entwickelt und besitzt ein ausgedehntes Netz an schönen Wanderwegen, die sowohl den Plosestock als auch die Höfelandschaft

und vor allem das sehr ausgedehnte Almgelände auf dem Lüsner Kamm erschließen. Außerdem führen vom Scheitel des Tales lohnende Bergwege hinauf in die Dolomitenwelt des Peitlerkofels und der Aferer Geisler.

Von Lüsen auf den Peitlerkofel
Gipfeltour zum Lüsner Hausberg

Wegbeschreibung: Anfahrt von Lüsen mit Pkw im Lüsner Talschluss, genannt Gunggan, und dann acht Kilometer hinauf zur Würzjochstraße. Auf dieser kurz rechts zur Kehre beim Schartbach (1825 m). Nun auf Steig 1 und später 4 teilweise in Kehren über steiniges Gelände steil ansteigend empor zur Peitlerscharte (2357 m). Von da auf bezeichnetem Steig durch den steilen Grashang und in der eingebuchteten Südflanke (Gras und Geröll) in vielen kurzen Serpentinen steil und mühsam empor zu einem Felssattel (2765 m). Am Gipfelaufbau auf dem drahtseilgesicherten Felspfad über die letzte Steilstufe zum Gipfelkreuz (2875 m; ab Ausgangspunkt 3 Std.). Eine herrliche Weitsicht belohnt die nicht geringen Mühen des Aufstiegs.
Der Abstieg, der besondere Achtsamkeit erfordert, erfolgt über die beschriebene Aufstiegsroute zurück zum Parkplatz (2 1/2 Std.).
Tipps und besondere Hinweise: Der Peitlerkofel, der sich über dem Scheitel des Lüsentales kühn in den Himmel reckt, ist einer der schönsten und aussichtsreichsten Berge der Dolomiten. Der Normalanstieg über die Südseite des Berges ist eine lohnende Pflichttour für jeden Bergfreund. Im Gipfelbereich ist allerdings ein Klettersteig, der Trittsicherheit erfordert. Für Kinder und weniger Geübte ist ein kurzes Seil von Vorteil. Die Tour möglichst nur bei verlässlicher Witterung unternehmen, bei unvorhergesehenem Schlechtwettereinbruch größte Vorsicht walten lassen!

AUSGANGSORT
Würzjochstraße (1825 m)

AUF EINEN BLICK
Würzjochstraße - Peitlerscharte - Peitlerkofel - retour

HÖHENUNTERSCHIED
1050 m

HÖCHSTE WEGSTELLE
Peitlerkofel (2875 m)

REINE GEHZEIT
5 – 6 Std.

WEGLÄNGE
ca. 10 km

SCHWIERIGKEIT
5-Bergschuh-Wanderung

WANDERKARTEN
Freytag & Berndt, Blatt S 5 (Cortina - Marmolata - St. Ulrich); Kompass, Blatt 56 (Brixen)

Eine typische Almenwanderung in der Umgebung von Lüsen. Die Almen werden hier noch meistens als Viehweide genutzt.

Gampill und Astjoch
Zu den Gipfeln der Lüsner Alm

Wegbeschreibung: Anfahrt zum Kirchlein von Flitt und zum nahen Parkplatz (1383 m). Nun immer Markierung 2 folgend teils auf Fahrweg, teils auf dem alten Fuß- bzw. Traktorweg durch die Waldhänge ostwärts hinauf zu den Gampillwiesen (ca. 1900 m). Bei der Weggabel rechts abbiegen und weiterhin der Markierung 2 folgend zur Genaider Alm (1947 m). Nun auf Steig 2 östlich zum Jakobsstöck (2026 m), links am Bergrücken hinauf gegen die Lärchneralm (2119 m) und zum Gipfel des Gampill (2190 m; ab Flitt gut 3 Std.). Es erwartet uns hier ein herrlicher Tiefblick auf Bruneck und das Tauferer Ahrntal und ein Prachtblick zu den Hochgipfeln der Zillertaler Alpen und der Rieserfernergruppe. Vom Gampill der Markierung 2 folgend wandern wir nordwestlich hinunter zum Astjoch-Sattel (2103 m). Der Weg führt über den Kamm mäßig ansteigend, vorbei am Ellener Kreuz, zu den Kaserhütten (2127 m) und weiter auf das Astjoch (Gipfelkreuz, 2194; ab Gampill 3/4 Std.). Auch hier bietet sich uns eine großartige Aussicht.

Abstieg: Vom Astjoch wandern wir über den Südkamm hinunter zur Kreuzwiesenhütte (1924 m; Ausschank), von dort auf breitem Wirtschaftsweg (Markierung 2 A) die Waldhänge querend hinaus zu den Gampillwiesen und wie im Aufstieg wieder hinunter nach Flitt; ab Astjoch 2 Stunden.

Tipps und besondere Hinweise: Die beiden aussichtsreichen Erhebungen Astjoch (2194 m) und Gampill (2190 m, auch Campill geschrieben) befinden sich nordöstlich über dem inneren Lüsental und lassen sich gut im Zuge einer Überschreitung besteigen. Die lange Rundtour erfordert Aus-

Das Kirchlein von Flitt in Lüsen, einem idyllischen Besinnungsort.

AUSGANGSORT
Parkplatz Flitt (1383 m)

AUF EINEN BLICK
Flitt – Genaideralm - Lärchneralm - Gampill - Astjoch - Kreuzwiesenhütte - Flitt

HÖHENUNTERSCHIED
811

HÖCHSTE WEGSTELLE
Astjoch (2194)

REINE GEHZEIT
6 Std.

WEGLÄNGE
ca. 11 km

SCHWIERIGKEIT
4-Bergschuh-Wanderung

WANDERKARTEN
Freytag & Berndt, Blatt S 4 (Sterzing - Jaufenpass - Brixen) und Blatt S 3 (Pustertal - Bruneck - Drei Zinnen); Kompass, Blatt 56 (Brixen)

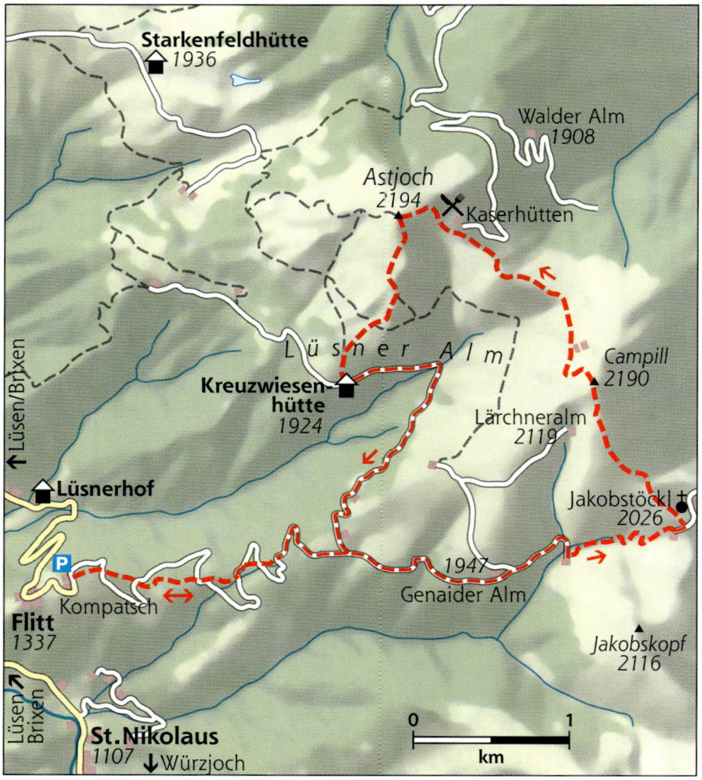

dauer, ist aber unschwierig und führt an mehreren Almen vorbei. Bergbekleidung und feste Bergwanderschuhe sind wichtig!

Von Lüsen nach Neustift
Eine lange Schluchten- und Törggelewanderung

Wegbeschreibung: Wir wandern der Markierung 2 folgend über Wiesen hinunter ins Dorf (972 m) und dann, kurz der Hauptstraße entlang talaus bis zur ersten, linken Kehre. Hier zweigen wir rechts ab, durchqueren am Sonnenhang die Höfelandschaft des Streuweilers Huben, wandern weiter hinaus (Markierung 1) zu den verstreuten Höfen von Lüsen-Kreuz und hinunter zu deren westlichstem Hof, dem Niederst (821 m; Jausenstation). Nun folgt ein Abstieg auf gutem Fußweg durch den steilen Wald hinunter zur Rienzschlucht (587 m). Dort wandern wir über die gute Brücke und jenseits wieder auf gutem Weg der Markierung 4 folgend hinauf zum Müllerhof und zum Dorf Natz (893 m) auf dem so genannten Apfelhochplateau. Von Natz geht es westwärts durch Weingüter leicht absteigend nach Raas (820 m), weiter hinab zum Gasthaus Pacher und zum viel besuchten, sehenswerten Kloster Neustift (595 m) mit prächtiger Kirche, schönem Kreuzgang und rustikaler Gaststätte.
Für die Rückfahrt nehmen wir den Linienbus über Brixen nach Lüsen.
Tipps und besondere Hinweise: Diese leichte, aber lange Wanderung führt von Lüsen durch die ganze Sonnenseite des Tales hinaus, überquert zuerst die wildromantische Rienzschlucht, dann das »Apfelhochplateau« von Natz und endet beim berühmten Kloster Neustift. Besonders im Herbst zur Törggelezeit zu empfehlen; entlang des Weges bietet sich so manche Einkehrmöglichkeit. Die Wege und die Brücke in der Rienzschlucht sind auf manchen Karten nicht verzeichnet.

AUSGANGSORT
Parkplatz Hotel Lüsnerhof (1160 m)

AUF EINEN BLICK
Lüsen - Weiler Huben - Niederstthof - Rienzschlucht mit Brücke - Natz - Raas - Neustift

HÖHENUNTERSCHIEDE
Abstieg 587 m, Aufstieg 306 m

TIEFSTE WEGSTELLE
Rienzschlucht (587 m)

REINE GEHZEIT
5 – 6 Std.

WEGLÄNGE
ca. 11 km

SCHWIERIGKEIT
4-Bergschuh-Wanderung

WANDERKARTEN
Freytag & Berndt, Blatt S 4 (Sterzing - Jaufenpass - Brixen); Kompass, Blatt 56 (Brixen)

Das Kloster Neustift bei Brixen ist nicht nur Bildungs- und Tagungshaus, sondern besitzt eine eigene Stiftkellerei, in der vor allem weiße Traufen reifen.

20 Vals, Eisacktal
Hotel Valserhof

HOTEL VALSERHOF

Ferien ganz oben verbringen Sie im Hotel Valserhof. Der Familienbetrieb befindet sich in sehr ruhiger Lage im verträumten Örtchen Vals mit traumhaftem Blick auf die Bergwelt der Umgebung. Das Valsertal ist – von Süden gesehen – das erste Seitental des Pustertales.
Der 1350 m hoch gelegene Ort ist idealer Ausgangspunkt für zahlreiche Wanderungen, von leichten in der Talsohle zwischen Rebanlagen und Apfelbäumen bis hin zum 3000er Gipfelsturm in den Zillertaler Alpen und in den Dolomiten, bei denen Sie von Wanderführern des Hotels begleitet werden.
Die Küche erfreut Ihren Gaumen mit einheimischen, italienischen und vegetarischen Gerichten. Für Erholung und Entspannung sorgen die Saunalandschaft mit Finnischer Sauna, Almsauna im Garten des Hotels, Sanarium, Dampfgrotte, Kneipp-Tretbecken, Erlebnisduschen und die neue Beauty- und Wellnessabteilung

Hotel Valserhof****
Monika und Dietmar Erlacher
Vals 98
I-39037 Vals, Mühlbach

Tel.: +39/0472/54 71 77
Fax: +39/0472/54 72 08
E-Mail: info@valserhof.com
www.valserhof.com

Das Valsertal von der Panoramastraße aus betrachtet. Im Talschluss oberhalb von Vals liegt das einzigartige Almdorf Fane mit seinen Sennhütten.

Das Valsertal – Bilder einer faszinierenden Landschaft

Die neu angelegte Panoramastraße in das Valsertal zieht sich von Mühlbach (Hauptort) in nördlicher Richtung einmal in den Hauptort des Tales, nach Vals (1350 m), und weiter östlich auf das Hochplateau von Meransen (1444 m).
Verfolgt man die Valsertalstraße, so erreicht man nach ca. 15 Minuten das schmucke Dorf Vals, eine in einer Talweitung gelegene Ortschaft, die nicht allein von Höhenwanderern und Hochalpinisten, sondern auch von lärmflüchtigen Gästen immer mehr aufgesucht wird.
Das Tal beeindruckt durch seine satten Blumenwiesen, den an beiden Talflanken verlaufenden Nadelwäldern und schließlich durch das einzigartige Panorama der einsamen Pfunderer Berge, von denen die Wilde Kreuzspitze (3134 m) der höchste und touristisch bedeutendste Gipfel ist.
Im Talschluss oberhalb von Vals liegt inmitten grüner Matten das einzigartige Almdorf Fane (1748 m) mit seinen Sennhütten, Almschenken, Viehställen, Heustädeln und einer Kapelle.
Nördlich und südlich davon hat sich der wild tosende Gebirgsbach seinen Weg durch die Felsen gegraben und eindrucksvolle Klammen geschaffen. Die Fane bildet den eigentlichen Einstieg in die faszinierende Bergwelt von Vals. Zahlreiche Wanderungen und Aufstiege führen über weitere Hochalmen bis ins Hochgebirge, so auf die erwähnte Wilde Kreuzspitze, die mit einer großartigen Aussicht über den gesamten Dolomitenbereich und einem Rundblick zu den Zillertaler und Stubaier Alpen aufwartet. Besonders beeindruckend ist der Tiefblick zum Wilden See, dem tiefsten Bergsee Südtirols (42 m). Er gilt als der unnahbarste und in seiner Verlassenheit auch schaurigste See, sodass er seinen Namen zu Recht trägt.
Weitere Wanderungen und Aufstiege vervollständigen das Juwel einer vielfältigen Bergwelt, begleitet von einer geheimnisvollen Einsamkeit und einer artenreichen Flora und Fauna, u.a. zum Altfaßtal mit seinen wildromantischen Seefeldseen. Auf den Höhen rund um das Valser Tal wurden verschiedene urgeschichtliche Funde getätigt, so ein Lappenbeil (Wilder See), zwei Speerspitzen (Gitschberg und Höhen von Spinges) sowie mittelsteinzeitliche Feuersteinartefakte (Valler Jöchl, Gitschberg). Einzelne Flurnamen reichen ebenfalls in prähistorische Zeit zurück. All das lässt erkennen, dass dieses Tal zumindest als Weide- und Jagdgebiet schon sehr früh bekannt war. Die wenigen romanischen Flur- und Hofnamen weisen auf die Römerzeit hin, während sich in den zahlreichen deutschen Namen die Zeit der Völkerwanderung und die germanische Besiedlung widerspiegelt.
In das Licht der Geschichte tritt das Tal Vals in Urkunden aus der Zeit um

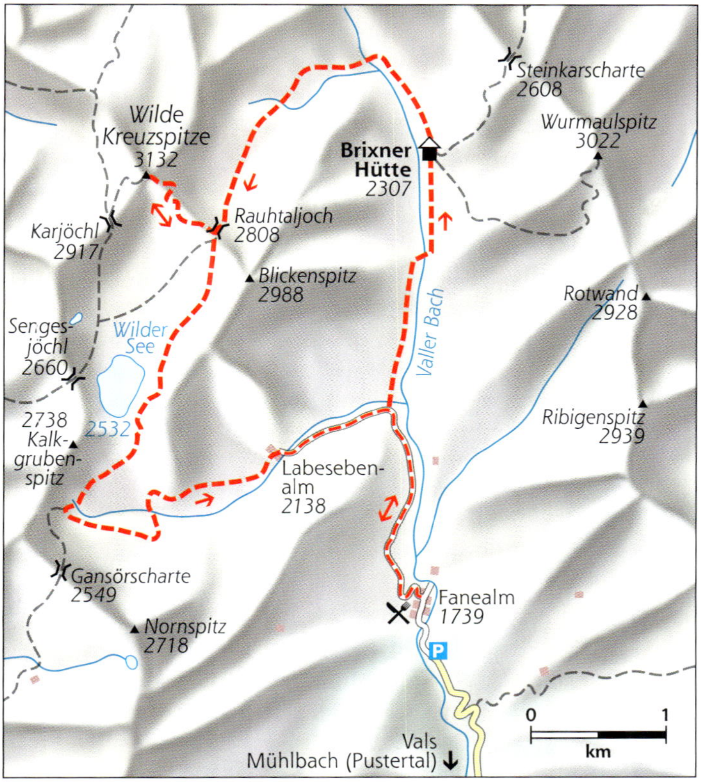

AUSGANGSORT
Fane-Alm (1739 m)

AUF EINEN BLICK
Vals - Fane-Alm - Brixner Hütte - Rauhtaljoch - Wilde Kreuzspitze - Wilder See - Labisebenalm - Fane-Alm - Vals

HÖHENUNTERSCHIED
1796 m

HÖCHSTE WEGSTELLE
Wilde Kreuzspitze (3132 m)

REINE GEHZEIT
8 – 9 Std.

WEGLÄNGE
ca. 20 km

SCHWIERIGKEIT
5-Bergschuh-Wanderung

WANDERKARTEN
Freytag-Berndt, Blatt S 4 (Sterzing -Jaufenpass - Brixen); Kompass, Blatt 56 (Brixen)

1263. Bereits im 14. Jahrhundert hatte Vals ein Kirchlein, das 1486 umgebaut und zu Ehren der Heiligen Andreas und Johannes geweiht wurde. Die jetzige Pfarrkirche stellt das Zentrum des Ortes dar; sie wurde um 1890 in neugotischem Stil erbaut und 1893 geweiht.
Das kleine Bergdorf Vals hat sich in den letzten Jahren zu einem sowohl im Sommer als auch im Winter beliebten, zeitgemäßen Fremdenverkehrsort entwickelt. Einzelne Bauernhöfe deuten in ihrer einfach-originellen Bauform noch auf den ursprünglichen Charakter der Siedlungslandschaft hin.

Der Wilde See ist ein natürlicher Bergsee, der von den Pfunderer Bergen fast beschützend umrahmt wird.

Wilder See und Wilde Kreuzspitze Hochtour in den Pfunderer Bergen

Wegbeschreibung: Von Vals mit Kleinbus zur Fane-Alm (1739 m; bewirtschaftet). Dann wandern wir auf dem breiten Weg 17 durch eine schmale Felsenklamm, worauf das Hochtal wieder breiter wird. Nach etwa 45 Minuten kommen wir zur Abzweigung der Markierung 18, wo es links zur Labesebenalm weitergeht (das ist unser Rückweg). Wir bleiben auf Weg 17 und erreichen zunächst mäßig, zuletzt stärker ansteigend schließlich die Brixner Hütte (2307 m; ab Fane knapp 2 Std.).

AUSGANGSORT
Vals bzw. Hotel Valserhof (ca. 1370 m)

AUF EINEN BLICK
Hotel Valserhof – Flatscher - Masl - Bacher-Masl-Mühle - Tonicher - Talstation Jochtal - Kurzkofelhütte -Ausgangspunkt

HÖHENUNTERSCHIED
122 m

HÖCHSTE WEGSTELLE
Kurzkofelhütte (1422 m)

REINE GEHZEIT
ca. 3 Std.

WEGLÄNGE
ca. 8 km

SCHWIERIGKEIT
1-Bergschuh-Wanderung

WANDERKARTEN
Freytag-Berndt, Blatt S 4 (Sterzing -Jaufenpass - Brixen); Kompass, Blatt 56 (Brixen)

Von da den Wegweisern »Wilde Kreuzspitze« folgend zu einem ebenen Weideboden und links durch das Rauhtal hinauf zum Rauhtaljoch (2808 m; ab Hütte knapp 2 Std.). Nun der Rot-Punkt-Markierung folgend hinauf zu einem vorgeschobenen Rücken und schließlich über den Südostgrat empor zum Gipfel der Wilden Kreuzspitze (3132 m; ab Rauhtaljoch 1 Std.). Abstieg: Zurück zum Rauhtaljoch, rechts auf Steig 20 hinunter zum »Wilden See« (2532 m), weiter hinunter zur großen Labesebenalm (2139 m), der Markierung 18 folgend hinaus zur Einmündung in Steig 17 und wie im Anstieg zurück zum Ausgangspunkt.

Tipps und besondere Hinweise: Diese prächtige Hochtour kann natürlich auch bedeutend kürzer gestaltet werden. So empfiehlt sich z.B. nur die Wanderung zur Brixner Hütte (2300 m, 2 Std.) oder zum Wilden See (2535 m, rund 2 1/2 Std.).

Zunächst empfängt uns die Fane, ein malerisches Almdorf, wo sowohl im Sommer als auch im Winter (Rodelbahn) eingekehrt werden kann. Danach durchschreiten wir eine schmale Felsklamm und gelangen zur Brixner Hütte, einem gemütlichen, vom Alpenverein geschaffenen Heim für Wanderer. Die über 3000 m hohe Wilde Kreuzspitze ist unser Tourenziel. Am Gipfelkreuz schweift der Blick nach Norden zu den Gletschern der Zillertaler Alpen und nach Süden zu den Zacken der Dolomiten. Der Abstieg führt uns zum sagenumwobenen Wilden See, einem »Wettersee«, der, so wird behauptet, manchmal »brüllt« und »knottert« und trotz Windstille unheimliche Wellen schlägt.

Valser Dorfwanderung
Rundwanderung von der Valserhof-Terrasse ausgehend

Wegbeschreibung: Von Vals (ca. 1370 m) wandern wir zum östlichen Bergfuß und dort am Rand der Wiesen, vorbei am Flatscherhof, südwärts zum Leitensteig. Über die Turnergasse erreichen wir den Hof Masl (1300 m), von wo aus wir einen schönen Ausblick auf den alten Dorfkern von Vals haben. Nun geht es hinüber zum westlichen Bergfuß und zur Bacher-Masl-Mühle, dann auf dem schattigen Waldweg in der Nähe des Talbaches nordwärts zum Hof Tonicher und weiter talein zur Talstation der Bergbahn Jochtal. Dort überqueren wir auf der Hofer-Brücke den Valler Bach, gehen über das Valler Moos taleinwärts zur Specker-Brücke und über einen Güterweg durch Lärchenwald zur Kurzkofelhütte (1422 m; Einkehrmöglichkeit). Von da gelangen wir über die flachen Talböden in Straßennähe hinaus zum Ausgangspunkt.

Das Valsertal ist ein sehr waldreiches Tal. Bei all unseren Wanderungen begleitet uns immer ein Streifen Nadelwald.

Tipps und besondere Hinweise: Bei dieser ebenso leichten wie schönen Wanderung umrunden wir, vom Valser Dorfbereich ausgehend, den von ausgedehnten Wiesen geprägten Siedlungsbereich des mittleren Valser Tales.Waldwege wechseln mit Wiesenwegen ab, sonnige Abschnitte mit schattigen. Wir wandern an rauschenden Wassern entlang, lernen eine Reihe von Bauernhöfen und die Schönheiten des Tales kennen und finden ge-

mütliche Einkehrmöglichkeit. Die hier vorgeschlagene Rundwanderung kann beliebig abgekürzt oder abgeändert werden.

Über die Rotstein-Alm zur Fane-Alm
Die Pfade der Hirten und Senner

Wegbeschreibung: Vom Parkplatz Jochtal (1371 m) stets der Markierung 10 folgend zunächst auf schmaler Straße hinauf zum Hofer, dann teils auf steilem Fußweg, teils auf Forstweg durch Lärchenwald und später durch Fichtenwald hinauf zum »Schuss« und leicht ansteigend durch das Jochtal zum Valler Jöchl (1920 m; 1 $^1/_2$ Std.; bequemer hierher: von der Bergstation der Jochtal-Kabinenbahn in 10 Min. Hangquerung). Vom Valler Jöchl nun stets Markierung 9 folgend zuerst in leichtem Anstieg nordwestwärts hinüber zur Rotstein-Alm (2107 m, 3/4 Std.) und weiterhin auf dem Steig 9 zunächst ein Stück ansteigend, dann tei weise felsige Hänge querend (an ausgesetzten Stellen Halteseile) und zuletzt kurz absteigend zum Peachnjöchl (2201 m, Bärenjöchl). Von da stets auf Steig 9 nordwärts hinunter zu den Verflachungen der Ochsenalm und weiter bergab zur Fane-Alm (1739 m; ab Valler Jöchl 2 Std.). Schließlich gelangen wir auf dem Zufahrtssträßchen oder auf dem teilweise steilen Fußpfad südwärts hinunter und hinaus zum Ausgangspunkt; ab Fane-Alm knapp 1 $^1/_2$ Std.

Tipps und besondere Hinweise: Diese Wanderung führt zunächst von Vals zum Valler Jöchl. Dabei können wir dem alten Jochweg folgen oder bequem mit der Kabinenbahn bis zum Bergrestaurant Jochtal in gut 2000 Meter Höhe fahren und von dort auf ebenem Weg zum Joch queren. Dieses Joch, ein schmaler Waldsattel, ist ein uralter Übergang vom Pustertaler Raum in das Wipptal. Vom Jöchl führt ein Bergsteig über die karge Rotstein-Alm zum bekannten Almdorf Fane, das aus rund 35 in Blockbauweise errichteten Almhütten und einem Kirchlein besteht. Wir finden dort in zwei Hütten Einkehrmöglichkeit, bevor wir auf dem direkten Weg nach Vals absteigen.

AUSGANGSORT
Parkplatz Jochtal (1371 m)

AUF EINEN BLICK
Parkplatz Jochtal - Valler Jöchl – Rotstein-Alm - Peachnjöchl - Fane-Alm - Ausgangspunkt

HÖHENUNTERSCHIED
830 m

HÖCHSTE WEGSTELLE
Beachnjöchl (2201 m)

REINE GEHZEIT
5 Std. (bei Benützung der Kabinenbahn gut 1 Std. kürzer)

WEGLÄNGE
ca. 10 km

SCHWIERIGKEIT
3-Bergschuh-Wanderung

WANDERKARTEN
Freytag-Berndt, Blatt S 4 (Sterzing - Jaufenpass - Brixen); Kompass, Blatt 56 (Brixen)

Die typischen Sennhütten mit Almschenken, Viehställen und Heustadeln, wie man sie im Almdorf Fane findet.

21 Kiens, Pustatal
Tauber's Vitalhotel

TAUBER'S VITALHOTEL

Tauber's Vitalhotel steht im Pustertal im östlichen Teil von Südtirol. Es ist ein idealer Ausgangspunkt für Wanderungen von der Talsohle bis in die Dolomitengipfel. Die Sehenswürdigkeiten von Kiens sind die Kirchen und Schloss Ehrenburg.
Das Hotel ist mit biologischen Baustoffen gebaut und liegt mitten in grünen Wiesen. Spezialisiert ist man hier auf ernährungs- und gesundheitsbewusste Menschen. Gekocht wird vorwiegend mit Lebensmitteln aus biologisch kontrollierten Anbau und mit Fleisch aus artgerechter Tierhaltung. Vorträge über pulskontrollierte Bewegung, gesunde Ernährung und Nordic Walking sind im Wander-Wochenprogramm integriert.

Tauber's Vitalhotel****
Familie Tauber
Pustertalerstraße 7
I-39030 St. Sigismund, Kiens

Tel.: +39/0474/56 95 00
Fax: +39/0474/56 96 73
E-Mail: info@taubers-vitalhotel.com
www.taubers-vitalhotel.com

Oben: Die Pfarrkirche St. Petrus und Paulus, das Wahrzeichen von Kiens. An ihrer Stelle soll laut urkundlicher Erwähnung eine Burg gestanden haben.

Tauber's Vitalhotel in märchenhaftem Winterkleid

Kiens und seine Umgebung

Zum Gemeindegebiet von Kiens, das rund 2600 Einwohner zählt, gehören der Ort Kiens (835 m) und die vier Fraktionen Ehrenburg (806 m), St. Sigmund (786 m), Hofern (1100 m) und Getzenberg. Das Klima ist im Sommer mild, im Winter eher rauh.
Das Pustertal und auch die Gegend von Kiens war schon in prähistorischer Zeit besiedelt, wie zahlreiche, zum Teil keltische Funde belegen. Aus römischer Zeit kennen wir die Siedlung Sebatum bei St. Lorenzen. In der Folge kam das Pustertal unter die Herrschaft der Bayernherzöge, die das Gebiet ab dem 7. Jahrhundert mit Leuten ihres Stammes besiedelten. Der Name des Dorfes Kiens scheint um das Jahr 1000 erstmals auf, die heutige Forschung leitet ihn vom Personennamen Kuno ab. In Urkunden des 11. bis 14. Jahrhunderts wird eine heute verschwundene Burg genannt, die im Bereich der Kirche stand. Die Pfarre Kiens gehört zu den ältesten des Pustertales. Das Langhaus der Pfarrkirche St. Petrus und Paulus in Kiens wurde um 1835 erbaut, der Turm stammt aber noch aus dem 15. Jahrhundert.
Die Schützen von Kiens zeichneten sich besonders im Tiroler Freiheitskrieg gegen Napoleon aus. Ehrenburg liegt südlich des Rienzflusses, man erreicht es von Kiens über den so genannten Römerweg. Der Ortsname geht vermutlich auf den altbayrischen Personennamen Arbeo zurück, wie die 1127 belegte Schreibung Arbenburc andeutet. Die Burg der Herren »von Erenburch« kam um 1360 an die späteren Grafen Künigl. Fürstbischof Kaspar Ignaz von Künigl ließ das Schloss 1732 zur Barockresidenz ausbauen. Im Innern zeigt der große Saal schöne Deckengemälde (1732), das Erkerzimmer hingegen Getäfel und Rosettendecke. Die Möbel, Tafelbilder und die übrige reiche Ausstattung der Räume vermitteln noch heute den Glanz der einstigen Barockresidenz. Das Schloss ist nach wie vor im Besitz der Grafen Künigl und kann im Rahmen von Führungen besichtigt werden.
Die Probsteikirche Mariä Himmelfahrt von Ehrenburg stammt im Kern aus dem Jahr 1370. Der Turm trägt einen gotischen Spitzhelm, das barocke Langhaus wurde um 1700 errichtet. In der Gruftkapelle befinden sich die »Kornmuttergottes« und andere interessante Bildwerke.
St. Sigmund liegt am nördlichen Bergfuß. Die Pfarrkirche ist eines der schönsten Baudenkmäler Südtirols. 1363 erstmals erwähnt, wurde der heutige Bau 1489 vollendet. Der Hochaltar (1440) ist einer der ältesten und bedeutendsten Flügelaltäre Südtirols.
Der Streuweiler Hofern, auf der Sonnenterrasse zwischen Pfalzen und Terenten gelegen, wird bereits um 1050 erwähnt. Die Hügelkirche St. Martin enthält einen schönen Flügelaltar von 1520. Die aus dem 13. Jahrhundert

stammende Burg Schöneck am Ostrand von Hofern war möglicherweise der Geburtsort Oswalds von Wolkenstein.
Der Getzenberg, eine Streusiedlung am schattseitigen Hang, hat seinen Namen vom gleichnamigen Hof erhalten, der 1282 einem Mann namens Gozzo gehörte. Nach der Volkssage soll sich am einsamen »Götzenberg« der heidnische Götzendienst am längsten erhalten haben.

Zwischen St. Sigmund und Kiens
Rundwanderung von Hof zu Hof

Wegbeschreibung: Vom Gisser-Eck (776 m, Häusergruppe südöstlich von St. Sigmund an der Hauptstraße; Parkplätze) gehen wir stets der blauweißen Markierung 1 folgend auf dem Schwemmkegel des Gruipbaches rund 100 m nordwärts, dann rechts über die Brücke und vorbei an einer alten Mühle und einem Wegkreuz ostwärts hinauf zum Rasteiner-Hof (822 m). Vor dem Haus steht ein schöner Brunnentrog mit der Inschrift »Jakob Gruber 1800«. Nach dem Hof queren wir eine Wiese und steigen auf dem Weg durch lichten Föhrenwald an. Bald kommt 50 Meter rechts des Weges ein Gletscherschliff mit schöner Aussicht und einmal bietet sich ein eindrucksvoller Blick in die Granitschlucht des Gruipbaches. Wir erreichen den sehr schön gelegenen Decker-Hof (994 m) und auf der Zufahrtsstraße weitergehend den Hitthaler-Hof inmitten weiter Fluren (1038 m; ab Ausgangspunkt 1 Std.). Nun wandern wir auf der Straße ostwärts hinüber zum Neller-Hof (1015 m), wo ein riesiger Birnbaum steht, und dann durch Wald (stets Markierung 1) ostwärts weiter zum Perchner-Hof (941 m). Von da steigen wir auf Weg 65 in ca. 15 Minuten nach Kiens ab (827 m; Einkehrmöglichkeit). Dort erreichen wir von der Brücke westwärts den Friesenbichl und auf schönem Waldweg absteigend den Gatscherhof. Nun queren wir die Waldhänge westwärts zur Weggabel oberhalb des Rasteiner-Hofes und kehren zum Ausgangspunkt zurück.
Tipps und besondere Hinweise: Eine leichte Wanderung für alle, die das Alleinsein und die Ruhe lieben. Sie führt auf gut markierten Wegen zu weit verstreuten Bauernhöfen, die vor Jahrhunderten mit viel Mühe angelegt wurden. Entlang dem Weg mehrmals Sitzbänke an schönen Aussichtspunkten. Nach zwei Dritteln der Rundwanderung, in Kiens, gibt es eine Einkehrmöglichkeit.

AUSGANGSORT
Gisser-Eck bei St. Sigmund (776 m)

AUF EINEN BLICK
Gisser-Eck - Rasteiner - Decker - Hitthaler - Neller - Perchner - Kiens - Friesenbichl - St. Sigmund

HÖHENUNTERSCHIED
262 m

HÖCHSTE WEGSTELLE
Hitthaler-Hof (1038 m)

REINE GEHZEIT
gut 3 Std.

WEGLÄNGE
ca. 7 km

SCHWIERIGKEIT
2-Bergschuh-Wanderung

WANDERKARTEN
Freytag & Berndt, Blatt S 3 (Pustertal Bruneck - Drei Zinnen); Kompass, Blatt 56 (Brixen)

Oben: Die Mühle bringt das klare Wasser, das jeder einmal getrunken haben sollte, direkt in den Brunnen.

Eine typische Alm mit Mühle vor dem Haus, wie man sie bei den Höfen von St. Sigmund und Umgebung noch oft sehen kann.

AUSGANGSORT
Gasthaus Lechnerhof/Platten (1586 m)

AUF EINEN BLICK
Platten - Sambock - Pfunderer Höhenweg - Plattner Alm - Platten

HÖHENUNTERSCHIED
810 m

HÖCHSTE WEGSTELLE
Sambock (2396 m)

REINE GEHZEIT
4 1/2 – 5 Std.

WEGLÄNGE
ca. 10 km

SCHWIERIGKEIT
4-Bergschuh-Wanderung

WANDERKARTEN
Freytag & Berndt, Blatt S 3 (Pustertal - Bruneck - Drei Zinnen); Kompass, Blatt 57 (Bruneck - Toblach) und Blatt 82 (Taufers-Ahrntal)

Der Aufstieg zum Sambock erfolgt über einen leicht ansteigenden Pfad.

Auf den Sambock
Unschwierige und beliebte Gipfeltour

Wegbeschreibung: Anfahrt über Pfalzen zum Bergweiler Platten (1586 m; Parkmöglichkeit im Bereich des Gasthauses »Lechnerhof«). Von dort stets Markierung 66 A und der Beschilderung »Sambock« folgend über die Weide steil aufwärts zum Wald und auf dem alten, mit Steinblöcken ausgelegten Almweg und später auf der Forststraße weiter zu den Stockpfarrer Bergwiesen mit schönem Dolomitenblick. Der Weg führt zur Jägerhütte, über zahlreiche Stufen und durch lichten Zirbenwald steil aufwärts zur Baumgrenze und auf schmalem Steig empor zur aussichtsreichen Kuppe, die »Platte« genannt wird (2175 m). Schließlich wandern wir über den breiten Höhenrücken zuerst fast eben und dann etwas steiler hinauf zum Gipfelkreuz des Sambock (2396 m; ab Platten ca. 2 1/2 Std.). Der Ausblick ist überwältigend! Zillertaler Alpen, Rieserferner, Dolomiten, Adamello und Ortlergruppe, Ötztaler und Stubaier Alpen – sie alle liegen im Blickfeld.

Empfohlener Abstieg für etwas Geübte: Vom Gipfel der Punktmarkierung des Pfunderer Höhenweges folgend teilweise weglos über Felsblöcke. Am Nordgrat kurz hinab zu einer Gratsenke (2365 m), von dort westseitig über steile Grasstufen hinab zum Steig 67. Auf diesem hinunter zur Plattner Almhütte (ca. 1901 m) und auf breiten Waldwegen (stets Markierung 67) hinaus nach Platten; ab Gipfel gut 2 Stunden.

Tipps und besondere Hinweise: Leichte Gipfelbesteigung im Nordwesten des Brunecker Talkessels mit prächtigen Ausblicken und idyllischen Plätzen. Weniger Geübte steigen über den Aufstiegsweg ab, Trittsicheren mit

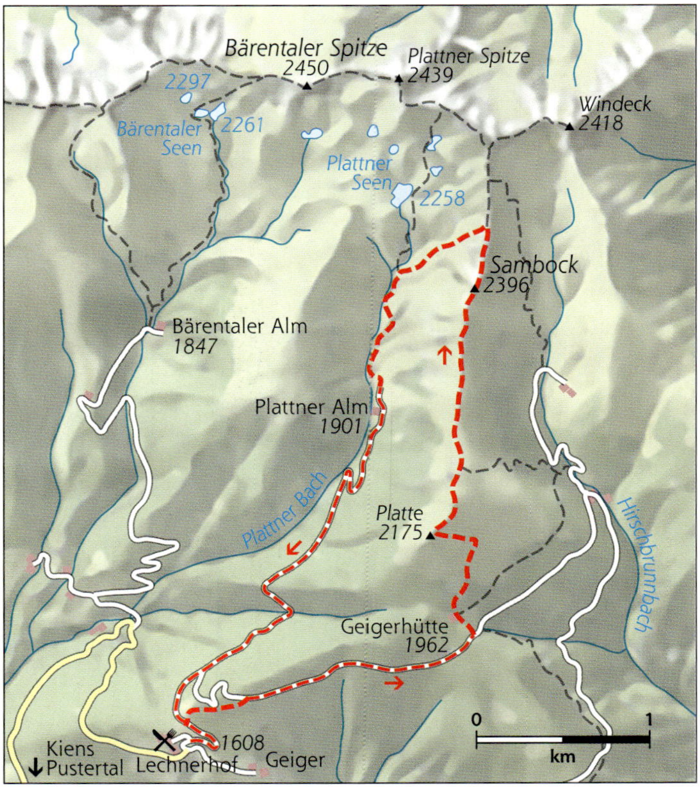

Bergerfahrung sei der oben beschriebene Abstieg über die Plattner Alm empfohlen. Bergwanderbekleidung und Bergschuhe mit rutschfester Sohle sind auf jeden Fall unerlässlich.

Auf gebahntem Weg zur bewirtschafteten Moarhofalm
Eine gemütliche Winterwanderung

Wegbeschreibung: Wir fahren mit dem Auto zunächst nach Kiens, biegen dort links ab und erreichen nordwärts das schöne Höhenplateau von Pfalzen. Über die Sonnenstraße gelangen wir westwärts nach Hofern und zweigen bald nach dem Gasthof »Lärchenhof« bergseitig ab, um durch das Katzental auf schmaler Höfestraße den oberhalb der höchsten Berghöfe gelegenen Parkplatz Gelenke zu erreichen, wo wir unser Fahrzeug abstellen (1591 m). Auf dem geräumten Forstweg wandern wir nun Markierung 65 folgend durch die verschneiten Waldhänge in Serpentinen hinauf und erreichen nach einer halben Gehstunde ein nettes Plätzchen: eine Sitzbank mit einem freien, wunderschönen Ausblick in das Gadertal. Südöstlich sehen wir auch unseren Hausberg, den Kronplatz, auf dem sich in Ameisengröße die Skifahrer tummeln. Es sind von hier noch 20 Minuten gemächlicher Aufstieg bis zur Moarhofalm auf 1833 m Höhe – ein schönes Wanderziel inmitten einer funkelnden Schneelandschaft. Die Küche bietet gute einheimische Speisen, und auf der sonnigen Terrasse genießen wir die Aussicht. Tief unter uns zieht sich das Pustertal hin, darüber erhebt sich der Lüsner Kamm, und im Hintergrund breitet sich die unendliche Zackenreihe der Dolomiten im Winterkleid vor uns aus – ein Panorama, wie es weltweit kein zweites gibt. Wir wandern wieder gemächlich talwärts – oder aber wir legen den Abstieg in sausender Schlittenfahrt zurück.

Tipps und besondere Hinweise: Zur Moarhofalm führt ein gebahnter Schneeweg, den wir abwärts als Rodelweg benützen können. Die Almhütte ist allerdings nicht täglich bewirtschaftet.

AUSGANGSORT
Parkplatz Gelenke (1591 m)

AUF EINEN BLICK
Parkplatz - Moarhofalm - retour

HÖHENUNTERSCHIED
242 m

HÖCHSTE WEGSTELLE
Moarhofalm (1833 m)

REINE GEHZEIT
1 – 1 ½ Std.

WEGLÄNGE
2,5 km

SCHWIERIGKEIT
1-Bergschuh-Wanderung

WANDERKARTEN
Freytag & Berndt, Blatt S 3 (Pustertal - Bruneck - Drei Zinnen); Kompass, Blatt 56 (Brixen)

Winterlicher Ausblick über das Pustertal vom Valser Kamm aus. Über dem Tal befinden sich Wolken und Nebel.

22 Enneberg, Gadertal
Wellknesshotel Almhof Call

WELLNESSHOTEL ALMHOF CALL

Menschen, von denen im Alltag viel erwartet und abverlangt wird, brauchen zwischendurch aktive Regeneration und wohltuende Entspannung. Ein erlebnisreicher Urlaub in den Bergen kann da weiterhelfen. Das Almhof-Aktiv-Programm bietet tägliche Wanderungen, Mountainbike-Touren, Power Walking im Sommer und Skifahren im Winter.
Sie werden im Almhof Call mit einem zauberhaften Angebot rund um Gesundheit, Vitalität, Sport und Erholung verwöhnt. Das Urlaubserlebnis wird mit einem liebevollen Service, einer internationalen Gourmetküche sowie einheimischen Gerichten und einem erlesenen Weinkeller abgerundet.

Almhof Call****
Familie Angelika und Franz Call
I-39030 St. Vigil in Enneberg

Tel.: +39/0474/50 10 43
Fax: +39/0474/50 15 69
E-Mail: info@almhof-call.com
www.almhof-call.com

Oben: Ortsansicht von St. Vigil in Enneberg, an dessen Südseite sich der Naturpark Fanes-Sennes-Prags ausdehnt.

Ausblick von der Terrasse der Fodara Alm, wo eine herrliche Einkehrmöglichkeit wartet.

St. Vigil in Enneberg

Schon der ladinische Name Al Plan (deutsch: die Ebene) lässt erahnen, dass sich der Hauptort der Gemeinde Enneberg einer geografisch sehr günstigen Lage erfreut. Aufgrund dieser Lage wurde St. Vigil auch einer der bekanntesten Urlaubsorte der Dolomiten. Das im alpenländischen Stil erbaute Dorf liegt in einer breiten Mulde am Eingang des Naturparks Fanes-Senes-Prags südlich des Kronplatzes. Es ist von grünen Wiesen, dichten Wäldern und zerklüfteten Bergspitzen umgeben. Heute bietet dieses wunderschöne und ruhige Dolomitendorf ohne Durchgangsverkehr rund 4000 Gästebetten, alle wichtigen Tourismusinfrastrukturen sowie eine reichhaltige Palette an Spazierwegen, Wanderwegen und Klettersteigen von der Talsohle bis hinauf in die herrliche Bergwelt – insgesamt ein sehr reichhaltiges Angebot für jedermann.
Im Winter wandelt sich St. Vigil in ein berühmtes Wintersportzentrum. Mit dem Kronplatz verbunden bietet St. Vigil 95 Kilometer Pisten aller Schwierigkeitsgrade, Langlaufloipen, Alpinskiwandern, Schneeschuh-Wandergebiete und vieles mehr.
Die unangetastet gebliebene Bergwelt südlich von St. Vigil ist eine der schönsten Naturlandschaften der Alpen. Sie steht heute als Naturpark Fanes-Senes-Prags unter besonderen Schutzbestimmungen und grenzt im Norden an das Pustertal, im Süden an den von der Provinzgrenze zu Belluno geformten Bogen, im Osten an das Höhlensteintal und im Westen an das Gadertal.
Wer von St. Vigil aus durch das wildschöne Rautal den Boden von Pederü erreicht, steht in einem überwältigenden Halbrund unüberwindbar scheinender Felswände. Doch gute Wege führen hinauf zu einer Reihe von ausgedehnten Hochplateaus; das größte davon ist das sagenumwobene Bergreich von Fanes, das durch den kleinen Kamm des Limojochs mit dem gleichnamigen See in die Almgebiete Klein- und Groß-Fanes geschieden wird. Nordöstlich davon liegt das Hochplateau von Senes, das von der Hohen Gaisl (über 3000 m hoch) und dem Seekofel, dem Panoramaberg des Pragser Wildsees, begrenzt wird. In beiden Gebieten liegen

bewirtschaftete Schutzhütten, malerische Almen, schöne Bergseen und zahlreiche Wandermöglichkeiten sowie Übergänge in die benachbarten Gebiete. So führt einer dieser Übergänge zum herrlichen Pragser Wildsee, ein anderer zur Höhenkirche Heiligkreuz mit den bekannten Armentarawiesen und ein dritter zur einzigartigen Höfelandschaft von Wengen mit den bekannten Ridwiesen.

Kalk und Karst der Fanesberge
Naturkundliche Bergwanderung

Wegbeschreibung: Mit dem Auto über St. Kassian (San Ciascian) nach Armentarola und bald darauf links abbiegend ostwärts zur Capanna Alpina (1720 m; Gaststätte, Parkplätze) am Plan dal'Ega. Von da zu Fuß kurz ostwärts, links ab und auf Steig 11 in Richtung Fanes 45 Minuten hinauf zum Col de Locia (2069 m), einem kleinen Aussichtsplatz. Durch das kleine Hochtal weiter hinauf zum Tadega-Joch (2157 m, lad. Ju dal'Ega). Nun auf dem breiten Weg 11 nordostwärts fast eben durch ein Tälchen zur Alm Groß-Fanes (2102 m), links (nordwestwärts) hinauf zum Limosee und Limojoch (2174 m) und jenseits auf dem breiten Weg (stets Nr. 11) in Serpentinen hinunter zum Becken von Klein-Fanes mit zwei bewirtschafteten Schutzhütten (Faneshütte, 2060 m, Lavarellahütte, 2042 m). Hier Mittagsrast.
Von dort teils auf dem breiten Fahrweg, teils auf dem abkürzenden Fußweg durch ein Felsental zu einer großen Hangverflachung und über Geröll hinunter nach Pederü (1548 m). Mit dem Linienbus oder dem Almhof-Wanderbus Rückkehr nach St. Vigil.

Klarer Bergsee im Naturpark Fanes-Sennes-Prags. Typisch für diese Gegend ist das Kalkgestein.

AUSGANGSORT
Capanna Alpina bei St. Kassian (1720 m)

AUF EINEN BLICK
Capanna Alpina - Groß-Fanes - Limojoch - Klein-Fanes - Pederü

HÖHENUNTERSCHIED
447 im Aufstieg, 627 im Abstieg

HÖCHSTE WEGSTELLE
Limojoch (2174 m)

REINE GEHZEIT
5 – 6 Std.

WEGLÄNGE
ca. 11 km

SCHWIERIGKEIT
4-Bergschuh-Wanderung

WANDERKARTEN
Freytag & Berndt, Blatt S 3 (Pustertal - Bruneck - Drei Zinnen); Kompass, Blatt 57 (Bruneck - Toblach)

AUSGANGSORT
Capanna Alpina/St. Kassian (1725 m)

AUF EINEN BLICK
Capanna Alpina - Col de Locia - Valun dles Avares - Bärenhöhle - retour

HÖHENUNTERSCHIED
ca. 1075 m

HÖCHSTE WEGSTELLE
Conturineshöhle (ca. 2800 m)

REINE GEHZEIT
5 Std.

WEGLÄNGE
ca. 10 km

SCHWIERIGKEIT
5-Bergschuh-Wanderung

WANDERKARTEN
Freytag & Berndt, Blatt S 5 (Cortina d'Ampezzo - Marmolada - St. Ulrich); Kompass, Blatt 55 (Cortina d'Ampezzo)

Tipps und besondere Hinweise: Diese lange, aber nicht schwierige Wanderung führt uns durch die »Bleichen Berge« der Dolomiten und zu den weiten, sagenumwobenen Höhen von Fanes – eine von Wind und Wetter geprägte Karstlandschaft. Zu Eis erstarrtes Wasser entfaltet in den Rissen und Spalten des Gesteins ungeheure Kräfte und sprengt den Fels, sodass mannigfache Risse, Spalten und Klüfte entstehen. Abfließendes Regenwasser wäscht die weichen Lias-Kalke zusätzlich aus und gibt ihnen bizarre Formen. Außerdem prägen auch grüner Bergrasen, Latschen- und Lärchenbestände, Felssturzmassen und kleine Seen das Bild dieser faszinierenden Landschaft.

Oben: Ruhige Almhütte auf dem Weg zur Bärenhöhle, mit dem wasserreichen Sellastock im Hintergrund.

Rundblick über die Dolomiten von St. Vigil in Enneberg aus, mit dem Conturines-Gipfel (3047 m) rechts im Bild.

Zur Bärenhöhle an der Conturines
Hochalpinwanderung: Auf den Spuren eiszeitlicher Tiere

Wegbeschreibung: Anfahrt über St. Kassian (San Ciascian) nach Armentarola und bald darauf links abbiegend ostwärts zur Capanna Alpina (1725 m; Gaststätte, Parkplätze) am Plan dal'Ega. Von da zu Fuß kurz ostwärts, links ab und auf Steig 11 in Richtung Fanes 45 Minuten hinauf zum Col de Locia (2059 m), einem kleinen Aussichtsplatz. Von da führt der Steig nordwestwärts steil und beschwerlich zuerst zwischen Latschen und später über Geröllhänge empor zum großen Höhleneingang, der sich ostseitig unter den Gipfelfelsen der Conturines befindet (knapp 2800 m; ab Aus-

gangspunkt 3 Std.). Die Höhle wurde im Herbst 1987 von Willy Costamoling aus Corvara entdeckt und in der Folge wissenschaftlich erforscht; sie enthielt rund 50000 Jahre alte Knochen des hochalpinen Höhlenbären und des Höhlenlöwen. Ein bisher einzigartiger Fund in den Dolomiten und die höchstgelegene Bärenhöhle überhaupt. Da der Höhlenbär Pflanzenfresser war, beweisen die Funde, dass die heutigen öden Geröllhänge in der damaligen Wärmephase saftiges Gras trugen. Besonders lange Winter führten aber auch zum Tod vieler im Winterschlaf befindlicher Tiere, was den Reichtum an gefundenen Knochen erklärt. Die Höhle ist zwar auch von Pederü über Fanes zu erreichen, der insgesamt 6-stündige Aufstieg sollte aber durch Nächtigung in einer der Schutzhütten in Klein-Fanes auf zwei Etappen aufgeteilt werden.

Die traditionsreichen Bauernhöfe in St. Vigil in Enneberg mit den Fanesbergen im Hintergrund.

Tipps und besondere Hinweise: Diese mittelschwere, hochalpine Tour führt zu einer sehr hoch gelegenen, 200 m tiefen Felshöhle, die vor rund 50000 Jahren vom alpinen Höhlenbären bewohnt war. Das Innere der Höhle, das schöne Tropfsteine, aber keine Knochen mehr enthält, ist durch Gitter abgesperrt und kann nur im Rahmen von Führungen besichtigt werden.

Naturkundliche Wanderung in den Enneberger Dolomiten
Im Reich der Tiere

Wegbeschreibung: Von St. Vigil (1201 m) stets Markierung 19 folgend teils auf dem Fahrweg, teils auf dem abkürzenden alten Steig in langem Anstieg durch Wald, Latschen und über Geröll im wildromantischen Fojedöratal hinauf zum Kreuzjoch (2283 m; ab Ausgangspunkt 3 1/2 Std.). Vom Joch in wenigen Minuten links hinüber zum schönen, nordseitig hinter einer kleinen Anhöhe gelegenen Hochalpensee (2252 m). Schließlich vom Ostende des Sees in etwa 20 Minuten auf dem etwas abschüssigen Steig 19 dem Bach folgend ostwärts hinunter zur weiten Grasmulde der Hochalpe mit ihren malerischen Hütten (2114 m; ladinisch Munt de Fojedöra; Ausschank), die von prächtigen Felsbergen umrahmt werden. Nach verdienter Rast und Einkehr steigen wir nun auf Fußweg 19 durch Wald hinunter in das einsame Grünwaldtal und wandern durch dieses eben bis leicht absteigend talaus zum herrlichen Pragser Wildsee (1494 m); ab Hochalpe knapp 2 Stunden. Die Rückfahrt nach St. Vigil erfolgt per Linienbus oder mit dem Wanderbus des Almhof Hotel Call.

Tipps und besondere Hinweise: Diese lange, aber für gehgewohnte Bergwanderer unschwierige Tour führt zu den Alm- und Weidegebieten der Enneberger und Pragser Berge. Eine artenreiche Tierwelt findet dort günstige Lebensbedingungen. Trittsicher bewegen sich Gämsen in den Schutt- und Steinkaren. Mit grellen Pfiffen verraten sich die Murmeltiere, wenn sie sich gegenseitig vor nahenden Gefahren warnen. In den Lüften zieht der Steinadler seine Kreise, und auch der Steinbock hat in den Pragser Dolomiten seine Heimat. Herrliche Blüte bis Mitte Juli.

AUSGANGSORT
St. Vigil/Hotel Call (1201 m)

AUF EINEN BLICK
St. Vigil - Kreuzjoch - Hochalpensee - Hochalpe - Pragser Wildsee

HÖHENUNTERSCHIED
1082 m

HÖCHSTE WEGSTELLE
Kreuzjoch (2283 m)

REINE GEHZEIT
6 – 7 Std.

WEGLÄNGE
ca. 13 km

SCHWIERIGKEIT
4-Bergschuh-Wanderung

WANDERKARTEN
Freytag & Berndt. Blatt S 3 (Pustertal - Bruneck - Drei Zinnen); Kompass, Blatt 57 (Bruneck - Toblach)

23 Corvara-Kolfuschg, Gadertal

Hotel Kolfuschgerhof

HOTEL KOLFUSCHGERHOF

Allein der Rundblick ist einmalig: Die Almmatten des Mittagstales, die Kalktürme der Sellagruppe, die schroffen Wände des Sassongher – die Dolomitenstöcke liegen hier zum Greifen nah. Diese einzigartige Bergwelt erleben Sie im Kolfuschgerhof auf eine typisch ladinische Art. In einem Hotel, das althergebrachte Bergromantik, familiäre Gastlichkeit und die rechte Prise Urlaubsluxus gekonnt vereint.

Sportlich haben die Dolomiten alles zu bieten – von sanften Naturpark-Erlebnissen bis hin zu extremen Herausforderungen. Im Sommer ist das Wanderhotel direkter Ausgangspunkt zu Berg- und Klettertouren. Im Winter wandelt Kolfuschg sich zum Skiparadies zwischen bizarren Kalkstöcken. Diese ganzjährig einmalige Naturkulisse bietet zusammen mit den sportlichen Angeboten des Kolfuschgerhofes unendliche Aktivmöglichkeiten.

Die Küche im Kolfuschgerhof ist ein Erlebnis: Italienische Leichtigkeit, bodenständige ladinische »Kuchl« und internationale Würzigkeiten.

Hotel Kolfuschger Hof****
Familie Ebner
Rönnstraße 7
I-39040 Kolfuschg/Corvara

Tel.: +39/0471/83 61 88
Fax: +39/0471/83 63 51
E-Mail: info@kolfuschgerhof.com
www.kolfuschgerhof.com

Die obersten Häuser des Dorfes Kolfuschg mit dem massiven Sellastock im Hintergrund.

Alta Badia

Alta Badia (Hochabtei), von den schönsten Dolomitengipfeln umgrenzt, kann wegen seiner Lage und der Herzlichkeit seiner Bewohner zu Recht als das »Herz der Dolomiten« bezeichnet werden.

Sechs Dörfer, die in drei Gemeinden (Corvara, Badia und La Val) zusammengeschlossen sind, haben sich im Laufe der Jahre zu einem leistungsfähigen Tourismusgebiet entwickelt. Die Gemeinde Corvara mit den Fraktionen Corvara und Kolfuschg (lad. Calfosch, ital. Colfosco) zählt 1277 Einwohner und stellt 6258 Gästebetten zur Verfügung. Corvara (1586 m) liegt in einer Talmulde am Fuße des mächtigen Sassongher-Massivs. Der Ort ist die eigentliche Wiege des Tourismus in Alta Badia. Eine stattliche Auswahl von touristischen Infrastrukturen und Beherbergungsbetrieben macht es zu einem Urlaubsort mit internationalem Flair. Als idealer Ausgangspunkt für einfache Spaziergänge und anspruchsvolle Touren ist es beliebt bei Jung und Alt. Die Katharinakirche in Corvara birgt interessante Fresken aus dem

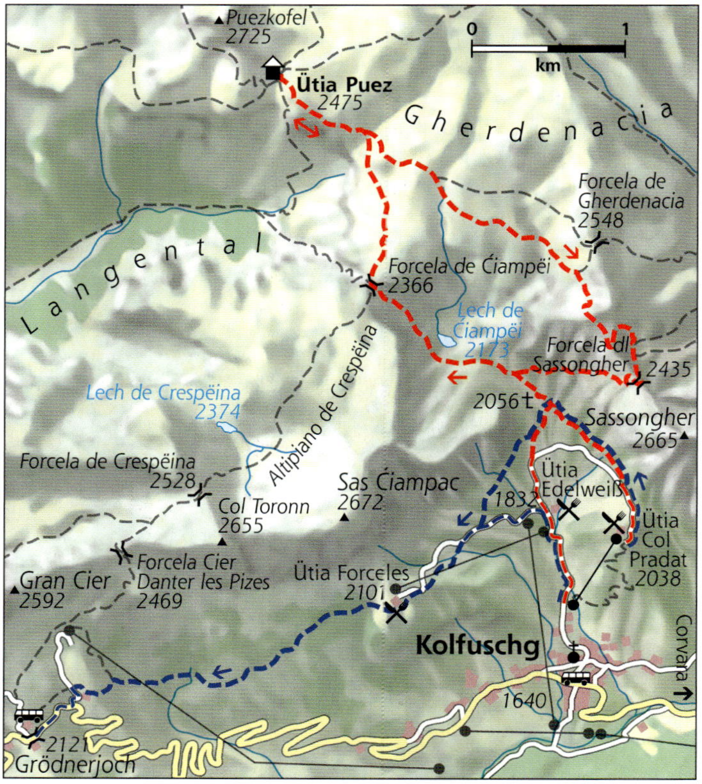

15. Jahrhundert. Kolfuschg (1645 m), der höchstgelegene Ort von Alta Badia, liegt an der Straße zum Grödner Joch gegenüber dem imposanten Sellamassiv. Trotz seines modernen touristischen Angebotes hat Kolfuschg den Charakter eines typischen Bergdorfes bewahrt und bietet eine gemütliche Atmosphäre sowie ein vielfältiges Wanderangebot.
Die Geschichte von Alta Badia reicht weit zurück. Aus den bronzezeitlichen Funden in Sotciastel bei St. Leonhard (San Linert) lässt sich menschliche Anwesenheit bereits vor Jahrtausenden belegen. Mit der Eingliederung der Alpengebiete ins Römische Reich übernahm die einheimische Bevölkerung das Volkslatein der Römer und formte es zum Ladinischen um, einer romanischen Sprache (auch Rätoromanisch genannt), die unter anderem mit dem Französischen und Spanischen verwandt ist und sich in den Dolomiten (und in der Ostschweiz) bis heute erhalten hat. Auch die ladinischen Trachten werden noch heute bei Prozessionen (Fronleichnam, Herz-Jesu-Sonntag usw.) und anderen Veranstaltungen getragen.
Wer mehr über Alta Badia wissen möchte, findet allerlei Interessantes im »Pic Museo Ladin« in St. Kassian (lad. S. Ciascian): Das Skelett des Höhlenbären (Ursus spelaeus) aus der Conturineshöhle, Geologie der Dolomiten, Fossilien und einheimische Handwerkzeuge.
In St. Leonhard zählt Die Dorfkirche zu den schönsten Rokoko-Kirchen Südtirols. Das Geburtshaus des Seligen P. Josef Frenademetz im Weiler Oies ist das Ziel zahlreicher Wallfahrer geworden. Der Selige arbeitete unermüdlich 29 Jahre lang in der Mission in China und wurde 1975 vom Papst selig gesprochen. In Wengen ist die einsam und weithin sichtbar gelegene St.-Barbara-Kirche ein besonderes Juwel. Sie wurde 1491 erbaut. In St. Vigil bilden die Barockkirche und das Denkmal der Katharina Lanz besondere Sehenswürdigkeiten.

Zur Puezhütte
Über die Hochflächen von Puez und Gardenazza

Wegbeschreibung: Von Kolfuschg (1640 m) mit dem Col-Pradat-Sessellift hinauf zum Col Pradat (2038 m; Einkehrmöglichkeit). Von da nordwärts zu einem Sattel und geradeaus (Weg Nr. 4) durch Latschenhänge in den Hintergrund des Edelweißtales. Vorbei an einem schönen alten Bildstock, durch das Hochtal empor zum oft ausgetrockneten Ciampaisee (2173 m), in Kehren steil empor zum Ciampaijoch (2366 m) und rechts (Weg Nr. 2

AUSGANGSORT
Bergstation des Col-Pradat-Sesselliftes (2038 m)

AUF EINEN BLICK
Col Pradat - Ciampaisee - Ciampaijoch - Puezhütte - Puez-Plateau - Sassongher-Scharte - Edelweißhütte - Kolfuschg

HÖHENUNTERSCHIED
970 m

HÖCHSTE WEGSTELLE
Juel-Scharte, ca. 2580 m

REINE GEHZEIT
4 1/2 - 5 Std.

WEGLÄNGE
ca. 10 km

SCHWIERIGKEIT
4-Bergschuh-Wanderung

WANDERKARTEN
Freytag & Berndt, Blatt S 5 (Cortina - Marmolada - St. Ulrich); Kompass, Blatt 59 (Sellagruppe)

Oben: Der Aufstieg zum Puez-Plateau schlängelt sich entlang schmaler Wanderpfade. Zahlreiche Gesteinsformationen zieren den Wegrand.

Das Plateau von Gardenazza; ein Gefühl von Freiheit überkommt einem bei diesem Anblick.

AUSGANGSORT
Hotel Kolfuschgerhof bzw. Bergstation des Col-Pradat-Sesselliftes (2038 m)

AUF EINEN BLICK
Kolfuschg - Col Pradat - Grödner Joch - Kolfuschg

HÖHENUNTERSCHIEDE
270 m im Anstieg, 580 m im Abstieg

HÖCHSTE WEGSTELLE
Grödner Joch (2121 m)

REINE GEHZEIT
3 – 3 ½ Std.

WEGLÄNGE
ca. 8 km

SCHWIERIGKEIT
3-Bergschuh-Wanderung

WANDERKARTEN
Freytag & Berndt, Blatt S 5 (Cortina - Marmolada - St. Ulrich); Kompass, Blatt 59 (Sellagruppe)

und 4) durch eine Felsrinne hinauf zum Puez-Plateau. Über sie nordwärts zu Weggabel und links zur Puezhütte (2475 m; Sommerbewirtschaftung; ab Col Pradat 2 Std.). Nach Rast und Einkehr zurück zur Weggabel, nun stets Markierung 5 folgend (anfangs auch 15) über das Puez-Plateau südostwärts zu Wegteilung, rechts zur nächsten Weggabel und wieder rechts über Geröll empor zu einer Scharte im Scheitel des Val de Juel (ca. 2580 m). Jenseits bald durch eine steile Blockrinne hinunter gegen das Val de Juel (Val Scura), auf Weg 7 südwärts zur Sassongher-Scharte (2435 m; von da können Erfahrene in 1 ¼ Std. den Sassongher besteigen). Auf exponiertem Steig (Markierung 7) an Steilhängen westwärts hinunter in das Edelweißtal, dort auf Weg 4 hinab zur Edelweißhütte (1832 m, bewirtschaftet) und auf der Straße zurück nach Kolfuschg.
Tipps und besondere Hinweise: Anstrengende Wanderung, die Trittsicherheit, Schwindelfreiheit und Ausdauer erfordert! Von klassischer, strenger Schönheit ist die weite Karrenlandschaft des Puez-Plateau, wo die in grüner Dolinenmulde gelegene Puezhütte zur Rast einlädt. Im Süden hat man den grandiosen Sellastock vor sich.

Kolfuschger Höhenweg
Gemütliche Wanderung durch blühende Bergwiesen

Wegbeschreibung: Von Kolfuschg mit dem Col-Pradat-Sessellift (die Talstation befindet sich oberhalb der Kirche von Kolfuschg) hinauf zur Bergstation am Col Pradat (2038 m; Einkehrmöglichkeit). Von da nordwärts zum Sattel vor dem Sassongher und die Latschenhänge querend hinein in den Hintergrund des Edelweißtales. Dort über Geröll in einigen Kehren links hinab zur Bergstation eines Schleppliftes, rechts auf unbezeichnetem Steig quer durch eine Flanke, später auf bezeichnetem Fahrweg steil empor zum Rif. Forcelles (2101 m, kein Sommerbetrieb!) und noch ein Stück aufwärts zu einer Wiesenschulter. Dann auf dem gut bezeichneten Kolfuschger Höhenweg die herrliche Hangterrasse unter den Südwänden des Sas da Ciampac durch Bergwiesen und Zirbenbestände in Südwest-

Blick zum Sellastock mit dem Mittagstal, links im Bild der Piz Poe (3152 m).

richtung zur Ciralm (2093 m), weiter zur nahen Grödner-Joch-Straße und diese 150 m hinauf zur Passhöhe (2121 m, Gasthäuser; ab Col Pradat knapp 2 Std.). Rückkehr: Über den beschriebenen Höhenweg zurück zum Rif. Forcelles, nun auf Fahrweg in Windungen nordostwärts hinab in das Edelweißtal mit der gleichnamigen Hütte (1824 m, bewirtschaftet) und auf der Straße hinunter nach Kolfuschg (1 $^1/_2$ Std.). Vom Grödner Joch kann auch mit dem Bus (verkehrt im Hochsommer mehrmals täglich) nach Kolfuschg zurückgekehrt werden.

Tipps und besondere Hinweise: Ungetrübtes Wandervergnügen bietet die Begehung des Kolfuschger Höhenweges vom lifterschlossenen Col Pradat durch die Südflanke des Sass da Ciampac zum Grödner Joch. Es ist eine einfache, kaum anstrengende Wanderung auf bezeichneten Wegen. Von luftigen Wiesenbalkonen und Blumenteppichen erhält man ständigen Einblick in den großartigen Nordabsturz der Sella.

Scotonihütte und Lagazuoi-See
Kurze und schöne Bergwanderung

Wegbeschreibung: Anfahrt über St. Kassian (San Ciascian) nach Armentarola und bald darauf links abbiegend ostwärts zur Capanna Alpina (1725 m; Gaststätte, Parkplätze) am Plan dal'Ega. Von da zu Fuß kurz ostwärts zu einer Wegteilung, rechts auf Fahrweg Nr. 20 im lichten Wald vorerst noch eben nach Südosten und später im Lagazuoital durch Latschen in Kehren ziemlich steil hinauf zur Scotonihütte (1985 m; kleines Schutzhaus mit Sommerbewirtschaftung; ab Ausgangspunkt 3/4 Std.). Von da über den ebenen Wiesenboden zu einer Wegteilung, auf dem Weg Nr. 20 an schöner Gedenkkapelle aus Holz (ehem. österreichischer Kriegerfriedhof) vorbei, durch Latschen hinauf in eine Schlucht, dort links des Baches über Geröll in Kehren empor zu einer Quelle und weiter auf die große, latschenbewachsene Geröllterrasse zu Füßen der Cima del Lago und der Cima Scotoni (Fanesgruppe). Hier links vom Weg ab zu dem in einer Mulde gelegenen Lagazuoi-See (2182 m; ab Scotonihütte $^3/_4$ Std.). Abstieg auf demselben Weg in 1 Stunde.

Tipps und besondere Hinweise: Dies ist eine einfache, landschaftlich sehr schöne Wanderung auf markierten Wegen. Nur wenige Dolomitenseen rücken so nahe an die dräuenden Felsmauern heran wie der Lagazuoi-See zu Füßen der 600 m hohen Cima-Scotoni-Südwestwand (Fanesgruppe). An schönen Sommertagen lädt der kleine Bergsee viele Wanderer zum Verweilen ein. Hier kann man es sich auf den Uferfelsen gemütlich machen und dabei den Kletterern in der Scotoni-Wand zusehen. Und abgehärteten Naturen bietet der See sogar Gelegenheit zu einem erfrischenden Bad – ein kalter Tipp für heiße Tage!

AUSGANGSORT
Capanna Alpina/St. Kassian (1725 m)

AUF EINEN BLICK
Capanna Alpina - Scotonihütte - Lagazuoi-See - retour

HÖHENUNTERSCHIED
457 m

HÖCHSTE WEGSTELLE
Lagazuoi-See (2182 m)

REINE GEHZEIT
2 $^1/_2$ Std.

WEGLÄNGE
ca. 5 km

SCHWIERIGKEIT
2-Bergschuh-Wanderung

WANDERKARTEN
Freytag & Berndt, Blatt S 5 (Cortina - Marmolada - St. Ulrich); Kompass, Blatt 55 (Cortina d'Ampezzo)

Oben: Der Lagazuoi-See bietet den Wanderern eine angenehme Rastmöglichkeit. Bei sehr heißem Wetter kann man sich dort auch abkühlen.

Die Gondelbahn zum Lagazuoi; während dieser Fahrt kann man die bizarren Felsformationen bewundern.

24 Sand in Taufers, Tauferer Ahrntal
Hotel Drumlerhof

HOTEL DRUMLERHOF

Das Tauferer Ahrntal mit all seinen Seitentälern gehört zu den schönsten Wandergebieten der Ostalpen. Die Naturparkgemeinde Sand in Taufers ist die Heimat des Drumlerhofs.
Ruhe und unvergessliche Erlebnisse sind garantiert. Fast täglich werden geführte Wanderungen zu den schönsten Flecken des Tauferer Ahrntales geboten. Bei kulinarischen Schmankerln aus der traditionellen heimischen Küche können Sie Kraft tanken.

Hotel Drumlerhof****
Fam. Innerhofer/Fauster
I-39092 Sand in Taufers/Südtirol

Tel.: +39/0474/67 80 68
Fax: +39/0474/67 91 16
E-Mail: info@drumlerhof.it
www.drumlerhof.com

Rechts: Ein Almdorf, wie man es bei der Höfewanderung von Taufers nach Rein in Taufers öfters sehen kann.

Die Burg Taufers liegt nordwestlich von Sand in Taufers, am Eingang ins Ahrntal. Die Burg stammt aus dem 13. Jahrhundert und ist mit Bergfried, Wohnturm, Kapelle und Waffenhalle noch gut erhalten.

Sand in Taufers

Sand in Taufers, meist einfach »Sand« gesprochen, liegt im Zentrum eines ausgedehnten Siedlungsraumes, der aus dem Tauferer-Ahrntal und aus den Seitenästen Mühlwalder Tal, Reintal und Weißenbachtal besteht. Die Gletscherberge des Zillertaler Hauptkammes, der südlichen Venedigergruppe und der Rieserfernergruppe umschließen diesen Raum und begründen den Ruf des Tauferer-Ahrntales als eines der schönsten Gebiete der Alpen.

Die nähere Umgebung von Sand in Taufers ist sehr formenreich und vielgestaltig. Breiten sich südseitig die bis in das Brunecker Becken reichenden, völlig ebenen und sehr breiten Wiesen und Felder von Taufers aus, so verengt sich das Haupttal auf der Nordseite schon gleich hinter Sand zu einer schmalen Schlucht. Auch das ostseitig abzweigende Reintal besteht in seinem unteren Teil aus einer engen, von hohen Felsbergen überragten Felsklamm.

Das stattliche Dorf Sand in Taufers weist einerseits viele bauliche Merkmale seiner alten Tradition als Fremdenverkehrsort auf, andererseits zeugen auch eine Reihe von Adelssitzen, allen voran der große Ansitz Neumelans, von seiner historischen Bedeutung in früheren Jahrhunderten. Das bedeutendste Denkmal ist das mächtige Schloss Taufers, das unmittelbar über dem Dorf einen Felssporn krönt und mit den vergletscherten Ahrntaler Bergen im Hintergrund eines der schönsten Südtiroler Landschaftsbilder bildet. Die Burg wurde im 13. Jahrhundert von den Edlen von Taufers errichtet, die damals zu den bedeutendsten Adelsherrn des Landes gehörten.

Ein besonders kostbares sakrales Bauwerk stellt die spätgotische, 1527 vollendete Pfarrkirche von Taufers dar, die etwas außerhalb von Sand frei inmitten der weiten ebenen Flur steht und einen prächtigen neugotischen Altar enthält.

Zwischen Sand und Rein befindet sich schließlich mit den Wasserfällen des Reinbaches die eindrucksvollste und gewaltigste mehrstufige Kaskade Südtirols.

Das Gebiet von Sand in Taufers ist ebenso wie das gesamte Tauferer-Ahrntal von der Talsohle über die Höfe- und Almzone bis hinauf zu den Dreitausendern durch ein gewaltiges Netz an gut bezeichneten, landschaftlich herrlichen Wanderwegen erschlossen.

AUSGANGSORT
Parkplatz Gasteigerhof/Ahornach (1574 m)

AUF EINEN BLICK
Gasteigerhof - Stockerhof - Lobiser Schupfen - Durra-Alm - Rein

HÖHENUNTERSCHIED
637 m

HÖCHSTE WEGSTELLE
Durra-Oberhütte (2211 m)

REINE GEHZEIT
5 – 6 Std.

WEGLÄNGE
ca. 14 km

SCHWIERIGKEIT
4-Bergschuh-Wanderung

WANDERKARTEN
Freytag & Berndt, Blatt 152 (Mayrhofen - Zillergrund - Ahrntal); Kompass, Blatt 82 (Tauferer-Ahrntal)

Das Dorf Sand in Taufers, der Hauptort des Ahrntales, mit seiner mächtigen Burg im Hintergrund.

Von Ahornach zu den Almen von Rein
Leichte und prächtige Höhenwanderung

Wegbeschreibung: Anfahrt von Sand in Taufers nach Ahornach und zum Parkplatz beim Gasteigerhof (1574 m). Von da stets der Markierung 10 folgend zu Fuß hinauf zum Stockerhof (1642 m) und auf dem breiten Waldweg ostwärts weiter zu waldumrahmten Bergwiesen (ca. 1780 m). Dann in langer, großteils ebener Wanderung auf dem breiten Weg durch urige Nadelwälder hinein zu den Lobiser Schupfen, einer Reihe von zehn malerischen Heuhütten (ca. 1950 m; »Lobisen« heißen im Volksmund die Blätter des Alpenampfers), wo wir das eigentliche Almgelände betreten. Von den Hütten (hier vorzeitiger Abstieg nach Rein möglich) zieht der aussichtsreichste Teil des Höhenweges (nun Markierung 1 A) teils eben, teils leicht ansteigend durch freie Grashänge zuerst zur Hütte der Mittermayeralm, weiter über die Moosmayeralm und Hirberalm zur Durra-Oberhütte (2211 m) und von da kurz absteigend zur Durra-Alm, die das Ende des Höhenweges bedeutet (2096 m; Ausschank). Von dieser letzten Alm steigen wir auf Weg 1 durch einen schönen Zirbenbestand ins äußere Knuttental ab und wandern auf der Talstraße kurz hinaus zum Dorf Rein (1598 m).

Die Kofleralm über Rein in Taufers, ein lohnendes Ausflugsziel, wo man noch unberührte Natur genießen kann.

Tipps und besondere Hinweise: Diese lange, aber leichte Höhenwanderung durchquert die Sonnenseite des Rein- und Knuttentales und führt teils durch schattige Wälder, teils durch freie Almhänge. Der Weg vermittelt prachtvolle Blicke zu den stolzen Gletscherriesen der Rieserfernergruppe und zeichnet sich im Frühsommer durch einen einzigartigen floristischen Reichtum aus. Auf Halbweg besteht die Möglichkeit, vorzeitig nach Rein abzusteigen. Ausrüstung: Bergwanderbekleidung, rutschfeste Bergschuhe, Tagesproviant.

Nach St.Walburg und Unter-Egelsbach
Hügelkirchlein und Berghöfe

Wegbeschreibung: Von Sand in Taufers (878 m) wandern wir Richtung Bruneck und über den Tauferer Talboden nach Kematen am Südostrand des Tauferer Bodens. Von dort steigt man zunächst über eine Höfezufahrt (Markierung 3) ein Stück südwärts an und erreicht dann über einen bergwärts abzweigenden Waldweg das reizend gelegene St.-Walburg-Kirchlein (1020 m; ab Sand 1 Std.), das an einer frühgeschichtlichen Siedelstätte steht und im Mittelalter eine Burg trug, deren spärliche Mauerreste noch erhalten sind. In der Kirche ist ein spätgotischer Schnitzaltar aus der Pacherwerkstatt zu bewundern.
Nach dem Abstieg zum querenden Weg Nr. 3 wandern wir südwärts zu den Haslerhöfen (1023 m, Ausschank) und dann teilweise steil durch den Wald in Serpentinen empor zu den auf freiem Hang liegenden Häusern von Unter-Egelsbach (1451 m; ab St. Walburg 2 Std.). Nun auf Weg 3 durch Wald hinunter zum Hof Oberklapfer (1211 m) und weiter durch Wald hinab nach Uttenheim (837 m; ab Unter-Egelsbach gut 1 Std.). Von da mit dem Bus oder anderer Fahrgelegenheit zurück nach Sand (Möglichkeit zu Fuß: Ostseitig neben der Ahr auf einer kleinen Straße zurück nach Kematen und nach Sand; gut 2 Std.).
Tipps und besondere Hinweise: Die beste Einführung in das Gebiet des Tauferer Tales vermittelt diese Wanderung, die wunderschöne Tiefblicke, aber auch Ausblicke zum Speikboden, zum Zillertaler Hauptkamm und zu den Dolomiten gewährt. Sie leitet teilweise durch schattigen Wald, teilweise über Wiesen verstreuter Einzelhöfe. Der Weg ist meist schon ab April gut begehbar. Die Wanderung kann bis Mühlbach mit Abstieg nach Gais fortgesetzt werden (zusätzlich 3 Std.). Den Schlüssel für das »Walburgenkirchl« erhält man im darunterliegenden Hof.

AUSGANGSORT
Hotel Drumlerhof/Sand in Taufers (878 m)

AUF EINEN BLICK
Sand in Taufers - Kematen - St. Walburg - Unter Egelsbach - Uttenheim

HÖHENUNTERSCHIED
614 m

HÖCHSTE WEGSTELLE
Unter-Egelsbach (1451 m)

REINE GEHZEIT
3 1/2 – 4 Std.

WEGLÄNGE
ca. 9 km

SCHWIERIGKEIT
3-Bergschuh-Wanderung

WANDERKARTEN
Freytag & Berndt, Blatt 152 (Mayrhofen - Zillergrund - Ahrntal); Kompass, Blatt 82 (Tauferer-Ahrntal)

Das St. Walburg-Kirchlein steht an einer frühgeschichtlichen Siedlungsstätte. Es sind noch spärliche Mauerreste einer mittelalterlichen Burg zu sehen.

Der Arthur-Hartdegen-Weg
Rund um das Bachertal bei Rein

Wegbeschreibung: Von Rein (1598 m) auf der Knuttentalstraße 1,5 km talein zu den Parkplätzen, hier rechts ab, der Markierung 8 A folgend auf Hofzufahrt über den Knuttenbach und, vorbei am Ebnerhof, ostwärts ansteigend zum Wald und zur Linksabzweigung des Fußweges. Auf diesem (stets Markierung 8 A) durch den Wald hinauf zur Unteren Kofleralm und durch Wald weiter empor zu der auf einer Hangterrasse gelegenen Oberen Kofleralm (2192 m; ab Rein 2 Std.), wo die weitgehend eben verlaufende Höhenwanderung beginnt. Über Almen und Weidehänge geht es nun ständig in leichtem Auf und Ab ostwärts zur Ursprungalm (2396 m). Der nicht seltene Name Ursprung bezeichnet einsame Talschlüsse mit rauschenden Gebirgsbächen. Nach der Überquerung des vom Lenksteingletscher kommenden Schmelzbaches gelangt man auf einen Felsbuckel mit ausgedehnten Gletscherschliffen. Hier betreten wir den eigentlichen Arthur-Hartdegen-Weg (Markierung 8), der 1910 von der Sektion Kassel des Deutschen und Österreichischen Alpenvereins als Verbindung zwischen Kasseler Hütte, Lenkstein und Barmer Hütte erbaut und nach dem früheren Sektionsvorsitzenden benannt wurde. Die felsigen Steilflanken des Riesernocks umrundend (Drahtseilstelle) erreichen wir das gewaltige Amphitheater unter dem Hochgall und, die Moränenlandschaft sowie mehrere Bäche überquerend, die Kasseler Hütte (Hochgallhütte), ein herrlich gelegenes Schutzhaus mit Sommerbewirtschaftung (2276 m). Von dort steigen wir schließlich über den Hüttenweg (Markierung 1) großteils durch Wald in 1 $^{1}/_{2}$ Stunden zum Talboden von Rein ab (1536 m).

Tipps und besondere Hinweise: Dieser lange, alpine Weg umrundet in Höhe der Almen und Gletschermoränen die Hänge des Bachertales. Die nur ausdauernden und schwindelfreien Gehern vorbehaltene Tour bietet eine freie Aussicht über das Talbecken von Rein und zu den Hochgipfeln der Rieserferner- und Durreckgruppe. Auf halber Wegstrecke erfordert eine nicht schwierige, aber ausgesetzte Felsrampe (20-30 m), die mit einem Geländerdrahtseil versehen ist, absolute Schwindelfreiheit.

Panoramablick über das Ahrntal, mit Bruneck und dem Kronplatz im Hintergrund.

AUSGANGSORT
Rein (1598 m)

AUF EINEN BLICK
Rein - Kofleralmen - Ursprungalm - Kasseler Hütte - Rein

HÖHENUNTERSCHIED
ca. 840 m

HÖCHSTE WEGSTELLE
Querung am Riesernock (ca. 2380 m)

REINE GEHZEIT
ca. 7 Std.

WEGLÄNGE
14 km

SCHWIERIGKEIT
5-Bergschuh-Wanderung

WANDERKARTEN
Freytag & Berndt, Blatt 152 (Mayrhofen - Zillergrund - Ahrntal); Kompass, Blatt 82 (Tauferer-Ahrntal)

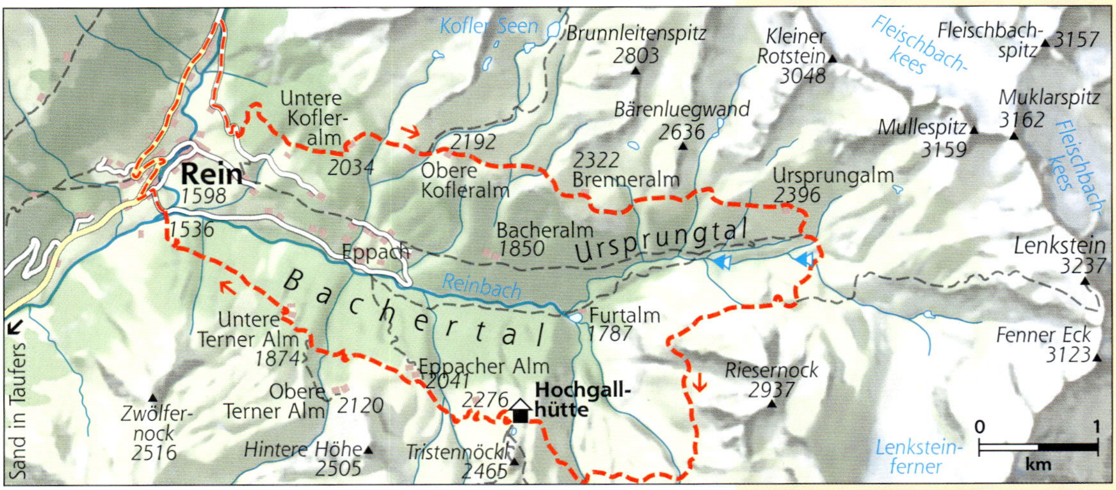

25 St. Johann, Tauferer Ahrntal

Hotel Steinpent

HOTEL STEINPENT

Das Hotel liegt am Dorfeingang von St. Johann und grenzt an den umliegenden Wald. Der Ort St. Johann, im Volksmund »Ahrn« genannt, ist zentraler Ausgangspunkt für Wanderungen und Bergtouren. Das Wandern beginnt vor der Haustür des Hotels, auf 1000 m Meereshöhe. Die geführten Wanderungen werden von einem Familienmitglied und von einem fachkundigen Wanderführer des Naturparkes Rieserferner-Ahrn begleitet. Die Grundausrüstung wie Rucksäcke,Wanderstöcke und topografische Karten stehen auf Wunsch zur Verfügung.
Das Haus wird als Familienbetrieb geführt. Eine regionale Küche mit frischen Produkten, edle Südtiroler und Italienische Weine werden im Restaurant und in der Fichtenstube serviert.

Hotel Steinpent***
Familie Abfalterer
St. Johann 131
I-39030 Ahrntal

Tel.: +39/0474/67 17 66
Fax: +39/0474/67 17 17
E-Mail: hotel@steinpent.com
www.steinpent.com

St. Johann, Ahrntal

Das stattliche Dorf St. Johann liegt acht Kilometer nördlich von Sand in Taufers im flachen Boden des Ahrntals. Aufgrund seiner zentralen Lage ist St. Johann ein idealer Ausgangspunkt für Wanderungen in alle Richtungen. Die Bezeichnung »Ahrn« geht vermutlich auf das indogermanische »Aar« oder »Awr« zurück und bedeutet soviel wie Wasser oder Schwemmgebiet.
Das Ahrntal ist also von jeher wegen seiner vielen fließenden Gewässern bekannt. Quellen, Rinnsale, Bergbäche, Wasserfälle prägen die Landschaft und bilden einen Reichtum, dessen wir uns durch die Dürrekatastrophen in anderen Ländern erst richtig bewusst werden. Von diesem Überfluss zehren nicht nur Pflanzen und Tiere, auch der Mensch fühlt sich in diesem üppigen Lebensraum wohl. Vor allem die Gäste aus der Stadt genießen das Rauschen der fallenden Gewässer, während eine Reihe von Bergseen zum stillen Verweilen einladen.
Eine imposante Gebirgskulisse von 80 Dreitausendern umschließt das Tal, Gletscher bilden die Wasserspeicher, laden aber auch zu Hochgebirgstouren ein. Der Zentralgneis, das harte Urgestein des Zillertaler Hauptkammes, prägt die orografisch rechte Talseite. Die linke Talseite grenzt die Durreckgruppe ab; die leicht verwitternden Gesteinsarten der Schieferhülle lassen die Vegetation bis auf die höchsten Gebirgskämme klettern. Die Rieserfernergruppe im Süden zeigt hingegen an den grauen, fast senkrechten Gebirgsflanken den Aufbau aus dem granitartigen Rieserferner-Tonalit, einem Intrusivgestein, das ursprünglich im Innern der Erdkruste abkühlte und gehärtet wurde. Für Extrembergsteiger sind diese Felswände eine Herausforderung.
Ein gutes Netz von Wanderwegen erschließt für Jung und Alt diese fantastische Gebirgskulisse, eine Vielzahl an Tourenmöglichkeiten lässt diese Urlandschaft in all ihren Facetten kennen lernen und genießen. Viele Almen und Schutzhütten bieten ideale Stützpunkte mit Verpflegung bis auf eine Meereshöhe von 2900 Metern.
In tieferen Lagen besticht die Kulturlandschaft, die im Laufe von Jahrhunderten gewachsen ist und heute noch von Bergbauern gepflegt und be-

Der Turm der Pfarrkirche von St. Johann im Ahrn mit der faszinierenden Gletscherwelt im Hintergrund

wirtschaftet wird. Es ist ein besonderes Merkmal des Tales, dass noch keine Zeichen der Abwanderung erkennbar sind, auch die Almen sind zum Großteil noch bewirtschaftet und bilden jene Kleinode, die den Wanderer magisch anziehen. Ein immenser Reichtum an Lebenserfahrung, Tradition und naturnaher Bewirtschaftung ist erhalten geblieben.

Die Zeichen moderner Entwicklungen gehen zwar auch an den kleinen Siedlungszentren nicht vorbei, doch in seiner Gesamtheit ist das Ahrntal so erhalten, dass sich jeder Naturliebhaber wohlfühlen kann, und auch die Gastfreundschaft der einheimischen Bevölkerung ist noch nicht verloren gegangen. Die nötigen Infrastrukturen für einen kreativen Urlaub sind vorhanden, auch kulturell und kunsthistorisch hat das Ahrntal einiges zu bieten, modern ausgestattete Museen begleiten den Gast an Schlechtwettertagen auf einer Reise in vergangene Jahrhunderte.

Almen und Höhen bei St. Johann
Über Almgesimse zum »Faden«

Wegbeschreibung: Vom Hotel Steinpent in St. Johann mit Kleinbus hinauf zum Sandbichlerhof am Gföllberg (1463 m). Von da auf Weg Nr. 6 in 15 Minuten hinauf zur Niederhofer Alm (1603 m, Einkehrmöglichkeit), weiter auf unmarkiertem Almsteig zur Pichleralm, zur Oberhofer Alm und zur Gruberalm (1835 m, Ausschank; ab Sandbichler 1 $^1/_4$ Std.) und auf Weg 6 durch Wald mittelsteil hinauf zum Faden, einer kleinen, aber aussichtsreichen Erhebung (2136 m; ab Gruberalm 1 Std.). Der Abstieg erfolgt über den Aufstiegsweg in 1 $^1/_2$ Stunden. Variante für gute Wanderer: Vom Faden auf markiertem, aber steinigem Steig hinauf zum Obersteinerholm (2395 m), auf Steig 6a westwärts am Grat hinunter zum Steinerholm (2123 m), auf Steig 17 hinunter zur Gruberalm und wie im Aufstieg zurück zum Sandbichler.

Tipps und besondere Hinweise: Vom Sandbichlerhof führt uns ein alter Almweg zur Niederhofer Alm, einem kinderfreundlichen Ausflugsziel mit guter Bewirtung. Wenig später bestechen die Terrassen der Pichleralm und Oberhofer Alm durch die Blütenteppiche der Bergwiesen, und die dunklen Holzhütten geben ein Gefühl von Geborgenheit. Herrlich ist der Ausblick zu den Zillertaler Alpen, die das Tal nach Norden abschirmen. Die letzte Rampe noch, die Gruberalm ist erreicht, ein besonderes Kleinod unserer alpinen Kulturlandschaft mit einer in Jahrhunderten gewachsenen Vegetationsvielfalt. Franz, ein Pensionist mit Vollbart, passt hier voll ins Bild und bedient freundlich seine Kunden. Von dort führt ein schöner Waldweg zum »Stöckl« am Faden, einer Aussichtskanzel inmitten einer fast unberührten, hochalpinen Parklandschaft. Diese Ruhezone ist auch Refugium für eine reiche Fauna. Die massive Gebirgskette der Zillertaler liegt direkt vor uns, und wer auch noch den Obersteinerholm besteigt, schaut zur Rieserfernergruppe und zu den Dolomiten.

AUSGANGSORT
Sandbichlerhof (1463 m)

AUF EINEN BLICK
Sandbichlerhof (1463 m) - Niederhofer Alm - Gruberalm - Faden (2136 m) - Sandbichler

HÖHENUNTERSCHIED
673 m

HÖCHSTE WEGSTELLE
Faden (2136 m)

REINE GEHZEIT
3 $^1/_2$ – 4 Std.

WEGLÄNGE
ca. 8 km

SCHWIERIGKEIT
2-Bergschuh-Wanderung

WANDERKARTEN
Freytag-Berndt, Blatt 152 (Mayrhofen - Zillergrund - Ahrntal); Kompass, Blatt 82 (Taufer-Ahrntal)

Die Berghöfe von St. Johann mit den Riesen der Zillertaler Alpen. Viele dieser Gipfel sind Gletscher.

AUSGANGSORT
Bergwerksmuseum Prettau (ca. 1500 m)

AUF EINEN BLICK
Bergwerksmuseum Prettau - Rötalm - Bruggeralm – Knappensteig - Ausgangspunkt

HÖHENUNTERSCHIED
600 m

HÖCHSTE WEGSTELLE
Rötalm (2116 m)

REINE GEHZEIT
4 Std.

WEGLÄNGE
ca. 7 km

SCHWIERIGKEIT
3-Bergschuh-Wanderung

WANDERKARTEN
Freytag-Berndt, Blatt 152 (Mayrhofen - Zillergrund - Ahrntal); Kompass, Blatt 82 (Taufer-Ahrntal)

Oben: Die Bruggeralm bietet auf dem Weg zum Knappensteig des Bergwerksmuseums Rast und Einkehrmöglichkeit.

Der Weg verläuft entlang Felsformationen und blühender Almwiesen. Die Alpenflora bringt so manchen ins Staunen.

Das Bergwerk am Rötenbach
Museum, Knappenlöcher und zwei Almen

Von der Rötalm wandern wir zur heimeligen Bruggeralm, wo wir den Abstieg antreten, sofern wir nicht die Querung zur Merbalm und Innerbichleralm fortsetzen, um dann über den Prettauer Höhenweg zum Ausgangspunkt zurückzukehren. Die Röt- und Bruggeralm bieten Einkehrmöglichkeit.

Wegbeschreibung: Vom Parkplatz bei der »Schmelzhütte« im Bergwerksmuseum Prettau (ca. 1500 m) auf Weg 11 (Bergwerkspfad mit eigener Markierung, die gekreuzten Knappenwerkzeuge darstellend) ostwärts hinan zu einem Bildstock («Bergstöckl«), weiterhin auf Weg 11 großteils durch Wald und an verschiedenen Knappenstollen und Bergwerksresten vorbei hinauf zum Rötkreuz und nun in freiem Gelände nahezu eben weiter zur Rötalm (2116 m; Ausschank; ab Ausgangspunkt gut 2 Std.). Abstieg: Kurz auf dem Zugangsweg zurück, dann links ab, auf markiertem Steig teils eben, teils absteigend durch freies Gelände und lichten Lärchenbestand zur Bruggeralm (1940 m; Ausschank), von da auf markiertem Steig zuerst kurz durch steilen Grashang und dann im Wald hinunter zum Weg 11a, auf diesem zum Aufstiegsweg und zurück zum Ausgangspunkt. (ab Rötalm knapp 2 Std.) Variante für gute Wanderer: Von der Bruggeralm zur Merbalm und zur Innerbichleralm und von dort über den Prettauer Höhenweg zurück zum Ausgangspunkt.

Tipps und besondere Hinweise: Bei dieser mittelschweren Wanderung folgen wir den Spuren des historischen Kupferbergbaues, der das hintere Ahrntal über Jahrhunderte hinweg mitgeprägt hat. Am Wegbeginn weist das Bergwerksmuseum auf eine Vielzahl von interessanten Spuren hin. Wir vorbei an Stolleneingängen und verfallenen Grubenbauten gleichsam zurück bis zu den Anfängen der Erzförderung. Oberhalb der Waldgrenze betreten wir das einzigartige Röttal mit seinen Almen und seiner formenreichen Bergwelt, den Moränen oder Gletscherschliffen.
Ausrüstung: Wanderschuhe, Regenschutz und etwas Verpflegung.

Über die Kegelgasslalm zum Kreuzkofel
Im Bann der Zillertaler Felskare

Wegbeschreibung: Vom Hotel mit Kleinbus zum Hof und Gasthaus Stalliler (1472 m) am Eingang ins Rotbachtal. Von dort auf dem so genannten

»Putzweg« (anfangs teilweise Forstweg, später schmaler Steig) zuerst nahezu eben ostwärts und in bald leicht ansteigender, bald fast ebener Querung der steilen Bergwälder nordwärts zu den ersten Almwiesen mit Heuhütten (Altrastl); nun steiler hinauf zu weiteren Bergwiesen (hier unter anderem die Hoferpaul-Hütte) und auf Steig 19 in Serpentinen etwas steil durch Latschen empor zur Kegelgasslalm (2109 m; Einkehrmöglichkeit; ab Stalliler knapp 2 1/2 Std.). Von da auf markierter Route in felsigem Steilgelände südwestwärts hinauf zum Gipfel des Kreuzkofels (2420 m; ab Hütte 1 Std.). Der Abstieg führt zuerst als Gratwanderung der Markierung folgend über den schmalen Trippachkamm mäßig absteigend zum Ende des eigentlichen Kammes und dann durch Wald steil hinunter zum Stalliler; ab Gipfel 2 Stunden.
Tipps und besondere Hinweise: Der »Putzweg« führt uns mitten in den Hochwald, die Morgensonne lässt feuchten Moosgeruch aufsteigen. Bald sind die Almwiesen erreicht, die noch gemäht werden; eine herrliche Blütenvielfalt, reich besetzt mit Orchideen, schmückt die Hänge. Auf der Kegelgasslalm wartet die Klara mit Speise und Trank auf uns. Die Gletscher von Löffler und Schwarzenstein wehen frische Luft herab, riesige Wassermengen stürzen zu Tal. Der Kreuzkofel ist unser nächstes Ziel. Weit öffnet sich dort der Blick zu den Zillertaler Alpen, Hohen Tauern, Rieserfernern und Dolomiten. Der Abstieg erfolgt über die Trippachkante, und die Einkehr beim Stalliler beschließt den Tag.
Die ganze Tour erfordert Übung im Bergsteigen und muss als schwere Wanderung eingestuft werden. Ausrüstung: Wanderschuhe, warme Kleidung, Regenschutz, etwas Verpflegung.

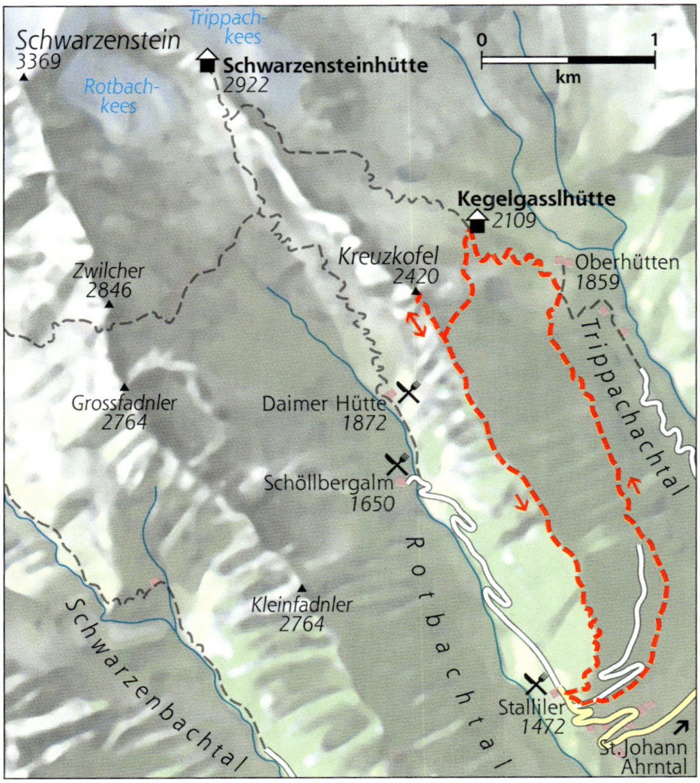

AUSGANGSORT
Gasthaus Stalliler (1472 m)

AUF EINEN BLICK
Stalliler - Kegelgasslalm - Kreuzkofel - Stalliler

HÖHENUNTERSCHIED
948 m

HÖCHSTE WEGSTELLE
Kreuzkofel (2420 m)

REINE GEHZEIT
5 – 6 Std.

WEGLÄNGE
ca. 8 km

SCHWIERIGKEIT
5-Bergschuh-Wanderung

WANDERKARTEN
Freytag-Berndt, Blatt 152 (Mayrhofen - Zillergrund - Ahrntal); Kompass, Blatt 82 (Taufer-Ahrntal)

Die Gruberalm auf unser Wandertour ist ein Kleinod.

26 Olang, Pustertal
Alpenhotel Hubertus

ALPENHOTEL HUBERTUS

Ein Wohlfühl-Zentrum in Traumlage an den Hängen des Kronplatz (Dolomiten) – unvergesslich erholsame Ferientage bieten sich an. Wer dem Alltag ade sagen möchte, genießt den 2000 qm großen Alpenreych-Park. Hier bilden die vier Elemente Feuer, Wasser, Erde und Luft eine Einheit. Oder Sie lassen sich fallen, atmen tief durch und tanken neue Kräfte im Alpenreych-Spa, eine Welt der Muße, die Pflege und Regeneration mit umfassenden Wellnessprogramm bietet.
Die Kombination der Wander- Wellness und Unterhaltungsangebote ergibt einen Rund-um-Verwöhnurlaub, der keine Wünsche offen lässt.

Alpenhotel Hubertus
Familie Christian Gasser
Furkelstraße 5
I-39030 Olang (BZ)

Tel.: +39/0474/59 21 04
Fax: +39/0474/59 21 14
E-Mail: info@hotel-hubertus.com
www.hotel-hubertus.com

Olang und seine Umgebung

Das Gemeindegebiet von Olang besteht aus den Dörfern Nieder-, Mitter- und Oberolang sowie Geiselsberg. Über dem aus weiten Wiesen, den genannten Dörfern und einer Reihe von umliegenden Bauernhöfen gebildeten Becken ragen die bizarren Felsgestalten der Olanger Dolomiten auf, an die sich westseitig nach dem Einschnitt des Furkelpasses der Kronplatz mit seinem ausgedehnten Skigebiet anschließt. Nach Norden öffnet sich ein freier Blick ins Antholzer Tal. Die Gemeinde Olang zählt heute 2800 Einwohner.

Der Name Olang, der bereits um das Jahr 1000 urkundlich aufscheint, wird heute auf den keltischen Personennamen Aulos zurückgeführt. Demnach war Olang ursprünglich das Landgut eines keltischen Adeligen. Prähistorische Siedlungen sind im Olanger Gebiet aber auch durch archäologische Funde nachgewiesen. Und die Volkssage erzählt, dass in dieser Gegend einst eine heidnische Stadt namens Kerla lag, die bei einer Überschwemmung zerstört wurde. Im Siedlungsbild vertreten ist auch die Römerzeit. So wurden in Bad Bergfall ein römisches Badbassin sowie Hunderte von Münzen und Ringen gefunden – zweifellos Votivgaben. Außerdem kamen im Raum Olang-Rasen zwei römische Meilensteine zum Vorschein.

Die Urpfarre Olang reicht in die karolingische Zeit (9. Jh.) zurück und war tausend Jahre lang ein wichtiges seelsorgliches Zentrum des Pustertales. Im Jahr 1636 rottete die Pest auch in Olang ganze Familien aus. Seither finden Kreuzgänge nach Enneberg zur »Lieben Frau vom guten Rat« statt. Als bekannteste Persönlichkeit in die Geschichte von Olang eingegangen ist der Tharerwirt Peter Sigmayr, einer der Freiheitskämpfer beim Tiroler Aufstand gegen Napoleon. Auf der Suche nach ihm drohten die Franzosen, seinen Vater zu erschießen, worauf sich Peter Sigmayr stellte und am 14. Januar 1810 in Niederolang erschossen wurde. Zwei Denkmäler erinnern an ihn.

Das Dorf Mitterolang sank am 20. Juli 1904 in Schutt und Asche. Die Bewohner konnten nur ihr nacktes Leben retten. Doch dank der Hilfsbereitschaft der Pustertaler Bevölkerung, der Sommergäste und sogar des Kaisers erfolgte rasch der Wiederaufbau.

Die Erdpyramiden von Oberwielenbach sind ein naturkundliches Schauspiel. Entstanden sind sie durch einen Erdrutsch.

Linke Seite: Das Dorf Olang im Talkessel des Pustertales liegt direkt an den Hängen des Kronplatzes, im Winter ein viel befahrenes Skigebiet.

Eine erste überlieferte Weihe der Kirche St. Ägidius in Mitterolang erfolgte 1138, eine nächste 1404. Aus dieser Zeit stammt der heutige Bau, der später allerdings barockisiert wurde. Das Altarbild wird Friedrich Pacher zugeschrieben (um 1480).
Die Pfarrkirche in Niederolang wird 1205 erstmals urkundlich erwähnt. Die Weihe eines Neubaus, in dem ein Fresko des Meisters Hans von Bruneck (um 1420) erhalten geblieben ist, erfolgte 1712.
Ein kleines, aber viel beachtetes Denkmal ist der gotische, mit Sakralfresken (um 1460) verzierte Bildstock an der Straße von Olang nach Geiselsberg.

Zu den Erdpyramiden von Platten
Naturkundlich interessante Halbtagswanderung

Wegbeschreibung: Von Oberwielenbach (1335 m; hierher gute Autostraße von Percha herauf) ausgehend folgen wir bei der Kirche der Markierung Nr. 1, kommen kurz absteigend zum Wielenbach und wandern jenseits die Wiesen- und Waldhänge querend teils eben, teils leicht ansteigend südwärts hinaus zum Streuweiler Platten (ca. 1400 m). Nun Markierung Nr. 6 folgend am Wiesenrücken hinauf zu den Nockerhöfen und weiter in Richtung Höllerhof bis zur Linkskehre der Hofzufahrt. Hier beim Wegweiser »Erdpyramiden« rechts ab und auf gutem Steig durch eine Wiese hinüber zu den Pyramiden (ca. 1500 m; ab Oberwielenbach 1 1/2 Std.). Rückweg: Von den Erdpyramiden zurück zur Zufahrt zum Höllerhof, nun der Markierung P folgend westwärts durch ein Waldtälchen hinunter zur querenden Höfestraße und auf dieser in nahezu ebener Querung der Waldhänge nordwestwärts zum Wielenbach und zurück zum Ausgangspunkt; ab Erdpyramiden gut 1 Stunde.
Tipps und besondere Hinweise: Die Erdpyramiden von Platten befinden sich im obersten Teil des Litschbachgrabens nordöstlich über dem Brunecker Talkessel. Sie sind das bedeutendste Vorkommen solcher Erosionstürme im gesamten Pustertaler Raum. Die leichte Wanderung ist aber nicht nur naturkundlich, sondern auch landschaftlich sehr lohnend. Von den ausgedehnten Wiesenhängen von Platten bietet sich ein umfassender Blick über das Pustertal und zu den Dolomiten. Einkehrmöglichkeit bietet in Oberwielenbach das Gasthaus Moar. Im unmittelbaren Bereich der Erdpyramiden ist erhöhte Vorsicht geboten: nicht im Erosionsgelände herumklettern!

AUSGANGSORT
Oberwielenbach (1335 m)

AUF EINEN BLICK
Oberwielenbach - Platten - Erdpyramiden - retour

HÖHENUNTERSCHIED
165 m

HÖCHSTE WEGSTELLE
Erdpyramiden von Platten (ca. 1500 m)

REINE GEHZEIT
2 1/2 Std.

WEGLÄNGE
ca. 7 km

SCHWIERIGKEIT
2-Bergschuh-Wanderung

WANDERKARTEN
Freytag & Berndt, Blatt S 3 (Pustertal - Bruneck - Drei Zinnen); Kompass, Blatt 57 (Bruneck - Toblach)

Rundwanderung am Kronplatz
Rueper Seebl und hoteleigene Jagdhütte

Wegbeschreibung: Die Wanderung beginnt direkt am Hotel Hubertus (1335 m) und führt über Bad Schartl – ehemals beliebtes Heilbad – auf Forstweg Nr. 14 in gemütlicher Wanderung nordwestwärts zum Kreuzschartl (1480 m). Hier links ab und auf Fußweg Nr. 13 rund einen Kilometer bis zum querenden Forstweg mit Markierung 2. In diesen biegen wir nach rechts ein und folgen ihm westwärts zur Kappleralm (1764 m). Diese nicht bewirtschaftete Alm in sonniger Waldlichtung bietet sich als idealer Rastplatz an, doch ist unser Ziel noch nicht erreicht. Weiterhin der Markierung Nr. 2 folgend gehen wir nur mäßig steil den Schartberg hinauf bis zum Rueper Seebl und zur Aussichtswarte Rotwand (1951 m); ab Hotel Hubertus 2 $^1/_2$ Stunden. Hier kann man die Blicke schweifen lassen über den Brunecker Talkessel und weit ins Tauferer Ahrntal hinein und über die Berge der Rieserferner, Zillertaler, Stubaier und Ötztaler Alpen. Abstieg: Vom Rueper Seebl geht es auf Markierung Nr. 5 in 20 Minuten hinunter zur Prackenhütte und zur hoteleigenen Jagdhütte (1770 m), wo der Chef des Hauses die müden Wanderer mit Grillspezialitäten und einem guten Tropfen erwartet. Der weitere Abstieg erfolgt nach Markierung 3, vorbei an der Huberalm, hinunter nach Geiselsberg und zum Hotel Hubertus.

Tipps und besondere Hinweise: Vom Kronplatz zieht nordöstlich ein markanter Rücken zu Tal, der auf seiner steilen Westseite die Bezeichnung Rotwand trägt. Die Kammhöhe selbst ist im mittleren Teil aber abgeflacht, dort liegt die Kappleralm und etwas höher befindet sich eine kleine Wasseransammlung, das »Rueper Seebl«. Von der Anhöhe der Rotwand bietet sich eine umfassene Schau über das mittlere Pustertal und weit darüber hinaus. Die hier vorgeschlagene Rundwanderung ist lang, aber unschwierig.

AUSGANGSORT
Hotel Hubertus (1335 m)

AUF EINEN BLICK
Hotel Hubertus - Kappleralm - Rueper Seebl - hoteleigene Jagdhütte - Hotel Hubertus

HÖHENUNTERSCHIED
616 m

HÖCHSTE WEGSTELLE
Rueper Seebl (1951 m)

REINE GEHZEIT
5 $^1/_2$ Std.

WEGLÄNGE
ca. 10 km

SCHWIERIGKEIT
3-Bergschuh-Wanderung

WANDERKARTEN
Freytag & Berndt, Blatt S 3 (Pustertal - Bruneck - Drei Zinnen); Kompass, Blatt 57 (Bruneck - Toblach)

Die Jagdhütte des Alpenhotels Hubertus ist ein beliebtes Ziel für Grillfeiern.

Zur Seekofelhütte
Bergwanderung in den Pragser Dolomiten

Wegbeschreibung: Vom Hotel Pragser Wildsee (1494 m) auf Weg 1 am Westufer des Sees zur Wiese am Südufer. Im latschendurchsetzten Wald durch ein Hochtal südostwärts hinauf und später in eine flache Talsohle, »Nabiges Loch« genannt (2034 m). Dann teilweise sehr steil weiter in das große Felskar »Ofen«, bei Wegteilung rechts mit Rückblick zu den Drei Zinnen hinauf zum Törl (2388 m) und südseitig auf dem Weg in wenigen Minuten hinunter zur Seekofelhütte (2327 m; Sommerbewirtschaftung; ab Ausgangspunkt gut 3 Std.). Von hier wunderbare Blicke auf Monte Pelmo, Hohe Geisl, Tofanen, Fanes- und Geislergruppe; beherrschend über der Hütte der Seekofel. Nach der Rast geht es auf Weg 1 rund einen Kilometer westwärts zu Weggabel, hier rechts ab und auf Weg 23 leicht aufwärts zur Seitenbachscharte (2331 m). Von da zwischen Col de Ricegogn und Senneser Karspitze anfangs sehr steil hinunter ins Seitenbachtal und zur Grünbachalm (1590 m; Einkehrmöglichkeit). Auf dem guten Weg talaus zum Ausgangspunkt.

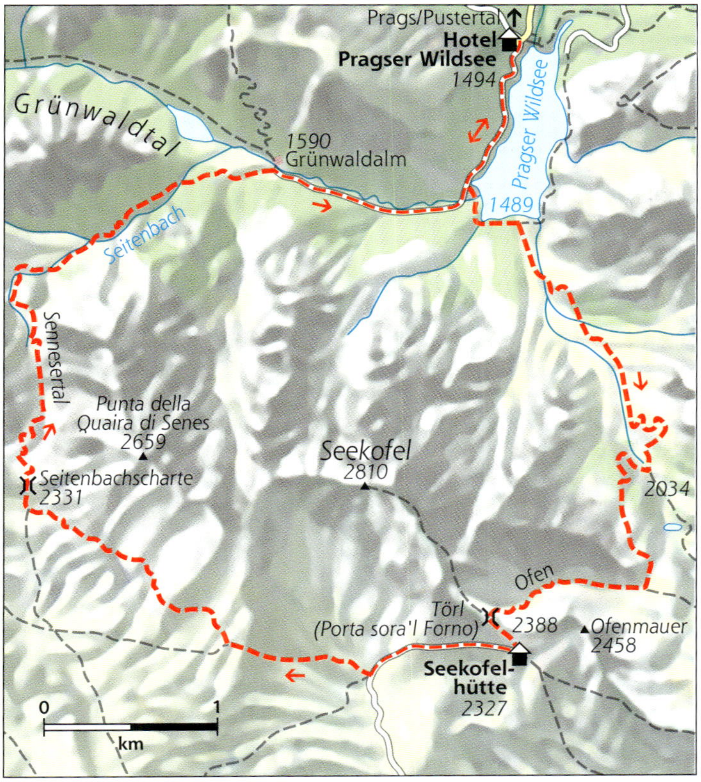

Tipps und besondere Hinweise: Diese Bergwanderung führt uns in den östlichen Teil des Naturparks »Fanes-Senes-Prags«. Dies ist mit 25680 ha das drittgrößte der sieben Gebiete, die von der Südtiroler Landesregierung unter besonderen Naturschutz gestellt wurden. In ihnen soll sich die Natur ungestört entfalten können, aber der Bergbauer darf Holz- und Almwirtschaft betreiben. Der sagenumwobene Pragser Wildsee ist von besonderer Schönheit. Die prächtigen Berggestalten des Seekofels mit seiner 1300 Meter hohen Nordwand, der Zwölf Apostel und des Herrsteins umrahmen ihn. Die beliebte Tour zur Seekofelhütte erfordert wegen der steilen Wege eine gewisse Gehtüchtigkeit und Bergerfahrung.

AUSGANGSORT
Hotel Pragser Wildsee (1494 m)

AUF EINEN BLICK
Pragser Wildsee - Seekofelhütte - Seitenbachscharte - Pragser Wildsee

HÖHENUNTERSCHIED
894 m

HÖCHSTE WEGSTELLE
Törl (2388 m)

REINE GEHZEIT
6 – 7 Std.

WEGLÄNGE
ca. 14 km

SCHWIERIGKEIT
4-Bergschuh-Wanderung

WANDERKARTEN
Freytag & Berndt, Blatt S 3 (Pustertal - Bruneck - Drei Zinnen); Kompass, Blatt 57 (Bruneck - Toblach)

Oben: Bildstock in den Pragser Dolomiten.

Der Pragser Wildsee ist einer der größten und bekanntesten Badeseen im Pustertal. Lohnenswert ist auch eine Rundwanderung.

27 Gsies, Pustertal
Hotel Quelle

HOTEL QUELLE
Im verträumten Gsiesertal zwischen Bergen und Wiesen eingebettet liegt das Hotel Quelle.
Der einzigartige Wellness-Vitalpark auf über 1000 qm und die himmlische Pflege für Sie und Ihn im Beauty-Vitalclub, Gesundheitsbäder, Massagen und Friseursalon runden das Wohlfühlangebot ab.
Urlaubsträume werden hier durch die vielen kleinen Aufmerksamkeiten, das raffinierte Kulinarium mit Traditionellem aus Südtirol und italienischer Küche, dazu den richtigen Tropfen aus dem edlen Weinkeller, wahr. Ihr Aufenthalt wird bestimmt zum unvergesslich schönen Urlaubserlebnis.

Hotel Quelle****
Familie Steinmayr
St. Magdalena 5
I-39030 Gsieser Tal

Tel.: +39/0474/94 81 11
Fax: +39/0474/94 80 91
E-Mail: info@hotel-quelle.com
www.hotel-quelle.com

Blick über das gesamte Gsieser Tal. Das langezogene Tal ist ein Seitenast des oberen Pustertales.

Das Gsieser Tal
Das Gsieser Tal, ein Seitenast des oberen Pustertales, zweigt bei Welsberg nordwärts ab und wird von zwei Bergkämmen der Deferegger Alpen umrahmt, die ausgedehnte Almen, aber auch markante Berggipfel tragen. Im weiten und sonnigen, 18 Kilometer langen und weitgehend ebenen Tal liegen die malerischen Ortschaften Pichl (1200 m), St. Martin und St. Magdalena (1400 m), deren Dorfbild von den jeweiligen Pfarrkirchen mit ihren hohen Spitztürmen geprägt wird. Die Pfarrkirche zum hl. Nikolaus in Pichl (Entstehungsjahr 1472) erhielt um 1879 im Kircheninnern die neugotischen Formen.
Die Pfarrkirche zum hl. Martin, ehemals ein gotischer Bau um 1425, wurde um 1778 barockisiert. Die ursprünglich gotische Pfarrkirche zur hl. Magdalena wurde später barockisiert und schließlich regotisiert. Die Hänge beiderseits des Talbodens sind mit Nadelwäldern bewachsen, die letzten Gsieser Berghöfe liegen in 1530 m Höhe.
Die Gemeinde hat rund 2100 Einwohner, die Haupteinnahmequellen sind die Landwirtschaft und der Fremdenverkehr mit ca. 1400 Gästebetten. Der Gast kann wählen zwischen komfortablen Hotels im alpenländischen Stil, gut bürgerlichen Gasthöfen, Pensionen,,«Urlaub auf dem Bauernhof«und Privatzimmer-Vermietern. Das sanfte, ruhige Tal bietet den Gästen vor allem Entspannung, Erholung, viel Natur, saubere Luft und eine intakte Landschaft. Den Wanderfreund erwartet ein herrliches Wegenetz, das die Talbereiche ebenso erschließt wie die wundervolle Berglandschaft mit ihrer reichen Alpenflora. Das ist auch das sagenumwobene Reich der Schnabelmenschen und Hexen. Ein ganz besonderes Wandererlebnis bietet der »Almweg 2000«, ein Höhenweg von Hütte zu Hütte mit herrlichem Ausblick über das Tal. Der legendäre Schmugglersteig hingegen führt hinüber nach Osttirol. Auf den Almhütten kredenzen Sennerinnen frische Almbutter und »Olmkas« bei zünftiger Gaudi.
Im Winter ist das Gsieser Tal ein Langlaufparadies und ein idealer Ausgangspunkt für Skitouren. Überdies besitzt es ein kleines Skigebiet in St. Magdalena. Eislaufen, Eisstockschießen, Rodeln und das Wandern in einer verträumten Winterlandschaft auf geräumten Wegen ergänzen das Angebot.

Tradition und Brauchtum werden in Gsies besonders gepflegt, wozu viele Vereine beitragen. So hat jedes Dorf seine eigene Musikkapelle und Freiwillige Feuerwehr, die Volksbühnen spielen Bauerntheater. Die kirchlichen Feste werden besonders feierlich begangen, wobei die kostbaren alten Trachten getragen werden.
Mittelsteinzeitliche Funde belegen, dass das Gsieser Törl bereits vor Jahrtausenden begangen wurde. Seit der ersten Jahrtausendwende lassen die Urkunden eine stärkere Besiedlung erkennen, und um 1545 gab es bereits alle Bauernhöfe, die wir heute kennen.
Die berühmteste historische Persönlichkeit des Gsieser Tales war der Kapuzinerpater Joachim Haspinger. Er stand 1809 als Freiheitskämpfer an der Seite Andreas Hofers gegen die Franzosen. In St. Martin steht sein Denkmal, eine lebensgroße Bronzestatue.

Zur sonnenverwöhnten Kradorferhütte
Hübsche Kurzwanderung im Gsieser Talschluss

Wegbeschreibung: Von St. Magdalena (1382 m) gehen wir kurz talein zur Talschlusshütte (Gaststätte, 1465 m), weiter zum Rotmooshof und dann stets auf dem Sträßchen, der Markierung 49 folgend, neben dem rauschenden Talbach durch Wald teils eben, teils leicht ansteigend hinein zu den ersten Almwiesen. Zuerst erreichen wir die Mesnerhütte, dann die Hütte der Pidigalm und bald darauf biegen wir rechts ab, überqueren den Bach und erreichen gleich dahinter die Hütte der Kradorferalm (1694 m; Ausschank; sonnige Terrasse). Ab St. Magdalena 1 $^1/_2$ Stunden. Nach Rast und Einkehr in der rustikalen Hütte schlagen wir einen einfachen Fußpfad als Rückweg ein: Von der Hütte nicht mehr auf der Zufahrt über den Bach, sondern stets orografisch links vom Bach bleibend auf dem Fußweg großteils durch Grashänge leicht absteigend und eben in schöner naturnaher Wanderung talaus. Zuletzt biegt unser Weg rechts ab, führt kurz durch Wald hinunter zum Bach (Brücke) und zum Talsträßchen. Auf diesem wandern wir wieder kurz hinaus zum Rotmooshof und über die Talschlusshütte zurück nach St.Magdalena (ab Alm 1 Std.).
Tipps und besondere Hinweise: Diese Wanderung ist »kinderwagenleicht« und kann fast noch als längerer Spaziergang bezeichnet werden. Sofern man das Almsträßchen und nicht den ostseitigen Fußpfad verfolgt, ist die Alm tatsächlich auch mit Kinderwagen erreichbar. Neben der Almhütte befindet sich ein naturnaher Kinderspielplatz, während die Hütte selbst mit ihrer lauschigen Umgebung zum Einkehren und Verweilen einlädt.

AUSGANGSORT
Hotel Quelle/St. Magdalena (1382 m)

AUF EINEN BLICK
St. Magdalena - Talschlusshütte - Kradorferalm - retour

HÖHENUNTERSCHIED
312 m

HÖCHSTE WEGSTELLE
Kradorferalm (1694 m)

REINE GEHZEIT
2 – 3 Std.

WEGLÄNGE
8 km

SCHWIERIGKEIT
1-Bergschuh-Wanderung

WANDERKARTEN
Freytag & Berndt, Blatt S 3 (Pustertal - Bruneck - Drei Zinnen); Kompass, Blatt 57 (Bruneck - Toblach)

Oben: Die Kradorferalm ist das Ziel der Wanderung und bietet Einkehrmöglichkeit.

Kennzeichen des Gsiesertales sind die weiten, satten Wiesen. Das Tal ist weitgehend eben.

AUSGANGSORT
St. Magdalena (1382 m)

AUF EINEN BLICK
St. Magdalena - Stumpfalm - Kaseralm - Uwaldalm - St. Magdalena

HÖHENUNTERSCHIED
721 m

HÖCHSTE WEGSTELLE
Kaseralm (2076 m)

REINE GEHZEIT
ca. 5 – 6 Std.

WEGLÄNGE
ca. 13 km

SCHWIERIGKEIT
4-Bergschuh-Wanderung

WANDERKARTEN
Freytag & Berndt, Blatt S 3 (Pustertal - Bruneck - Drei Zinnen); Kompass, Blatt 57 (Bruneck - Toblach)

Naturerlebnis Gsieser Almweg 2000
Mit Einkehr in bewirtschafteten Almhütten

Wegbeschreibung: Von St. Magdalena (1382 m) kurz hinein zur Talschlusshütte, rechts über die Brücke und stets der Markierung 48 folgend über den breiten, anfangs geteerten Wirtschaftsweg durch die Waldhänge leicht ansteigend hinauf zur Tscharniedalm (1976 m; ab St. Magdalena 2 Std.). An den zwei Hütten vorbei wandern wir über die wunderschöne Almwiese, wo der Almweg 2000 rechts kurz ansteigt. Eine Bank lädt zu einer Pause ein, um den Ausblick zu genießen. Danach führt der Almweg 2000 quer den Berghang entlang zur Kasermähderalm (2048 m) und zur Kipfelalm (2104 m); von da gehen wir entweder auf dem schmalen Almweg 2000 in gleichbleibender Höhe durch die freien Hänge weiter bis zur Kaseralm, oder aber wir wandern bequem über den Güterweg leicht absteigend zur Stumpfalm mit Einkehrmöglichkeit (2000 m) und von da auf dem weiterhin bequemen Forstweg nahezu eben durch Wiesenhänge nordwärts zur Kaseralm (2076 m; Ausschank; in den Karten auch Neukaser genannt). Nun auf markiertem Fußpfad durch die steilen Hänge nordwärts leicht absteigend hinein ins Pfoital, durch dieses auf dem breiten Güterweg ein kleines Stück hinauf, dann bei der Brücke links ab und auf querendem Steig links hinaus zur Uwaldalm (2042 m; Ausschank).
Abstieg: Entweder über den bequemen, aber längeren Güterweg oder über den kürzeren, aber steileren Fußweg (Markierung 12) hinunter ins Tal und hinaus zum Ausgangspunkt.

Tipps und besondere Hinweise: Der Gsieser Almweg 2000 hat seinen wohlklingenden Namen deshalb erhalten, weil er in rund 2000 m Höhe von Almhütte zu Almhütte führt. Wir begehen nicht den gesamten Weg, sondern nur einen landschaftlich besonders schönen Abschnitt nordwestlich über dem inneren Gsieser Tal. An diesem Abschnitt bieten ein paar Almhütten auch Einkehrmöglichkeit. Bei der Rundtour handelt es sich um eine unbeschwerliche Wald- und Almwanderung durch eine weitgehend unberührte Naturlandschaft. Bergwanderschuhe sind vorteilhaft.

Gipfeltour zum Hochstein
Die »gigantische Gämsenwanderung«

Wegbeschreibung: Vom Parkplatz bei der Naturrodelbahn in St. Magdalena führt der Aufstieg erst über den Forstweg Nr. 48 in Richtung Tscharniedalm. Auf halber Höhe geht der breite Weg Nr. 48 rechts ab und führt nordwestwärts hinaus zum Nordrücken des Hochsteins. Nun wird es »a bisserl romantisch« und der Aufstieg – weiterhin mit 48 markiert – wird schmaler, steiler und steinig. In vielen kleinen Windungen erklimmen wir den Hochstein (2464 m; ab Ausgangspunkt gut 3 Std.). Die Belohnung für die Mühe des Aufstiegs ist uns gewiss, denn die Aussicht ist unbeschreiblich schön, man muss das einfach erlebt haben. Man kann vor allem die Sextner und die Pragser Dolomiten bewundern, aber auch die gesamten Almen des Gsieser Tales liegen ausgebreitet vor uns. Nach ausgiebiger, wohlverdienter Rast folgen wir ganz leicht ansteigend dem südostwärts zur Körlspitze streichenden Grat (Markierung 48), bis uns die Markierung 48 nordseitig hinunter zu den Hängen unterm Kalsteinjöchl und von dort weiter zur Tscharniedalm (1976 m) führt. Augen auf und möglichst leise sein, denn entlang unserer Route sind bestimmt viele Gämsen zu sehen. Von der Tscharniedalm kehren wir über den Zufahrtsweg wieder in Kehren nach St. Magdalena zurück. Mann kann vom Hochstein aber auch südseitig über die steilen Almwiesen zur Versellalm und von dort nach St. Martin absteigen. Dort werden Sie gerne abgeholt.

Tipps und besondere Hinweise: Anspruchsvolle Tour, nur für gut trainierte Bergwanderer. Getränke und Jause mitnehmen!

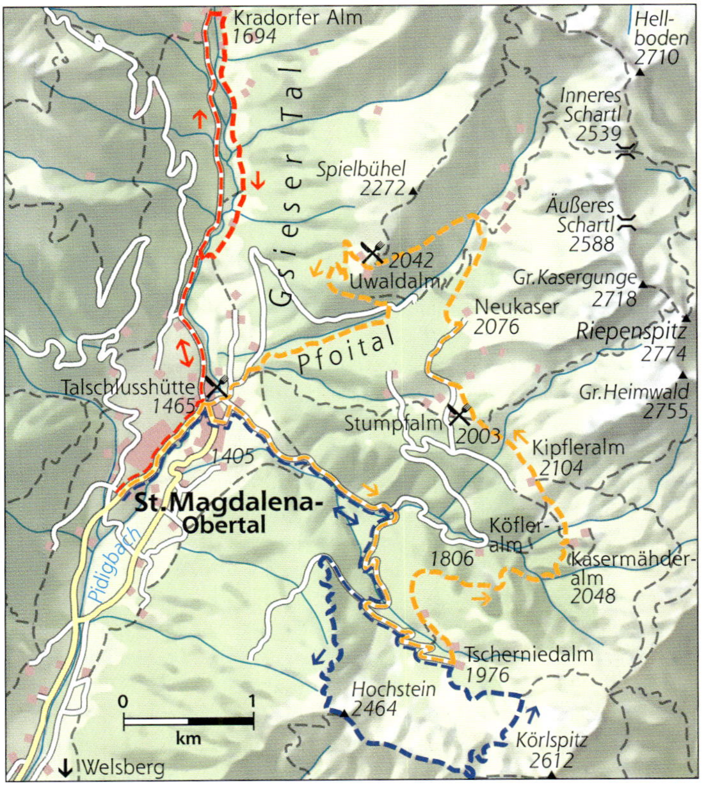

AUSGANGSORT
St. Magdalena (1382 m)

AUF EINEN BLICK
St. Magdalena - Tscharniedalm - Hochstein - Kalksteinjöchl - Tscharniedalm - St. Magdalena

HÖHENUNTERSCHIED
938 m

HÖCHSTE WEGSTELLE
Hochstein (2464 m)

REINE GEHZEIT
ca. 6 Std.

WEGLÄNGE
ca. 12 km

SCHWIERIGKEIT
5-Bergschuh-Wanderung

WANDERKARTEN
Freytag & Berndt, Blatt S 3 (Pustertal - Bruneck - Drei Zinnen); Kompass, Blatt 57 (Bruneck - Toblach)

***Linke Seite oben:** Der Gsieser Almweg 2000 ist ein Erlebnis für Wanderfreunde. Im Blick haben wir die Gsieser Almen und im Hintergrund die Ausläufer des Alpenhauptkammes.*

***Linke Seite unten:** Der Wanderweg ist auch für Familien mit Kleinkindern sehr empfehlenswert.*

Immer wieder begegnen uns auf dem Almenweg kleine Hütten und Mühlen.

28 Sexten, Pustertal
Berghotel & Residence Tirol

BERGHOTEL & RESIDENCE TIROL

Das Berghotel ist, wie der Name schon sagt, ein Hotel der Berge, im Stil der Berge und mitten in den Bergen gelegen. Die Berge sind die Sextner Dolomiten mit der natürlichen Bergsonnenuhr, die eindrucksvoll Spalier steht. Neuner, Zehner (Rotwandspitze), Elfer, Zwölfer, Einser sind von der wunderbaren Panoramalage des Berghotel stets in vorderster Linie zu sehen. Das Auto kann in der Garage bleiben, denn die Berge sind sehr nahe und man kann zu Fuß vom Berghotel wegwandern. Die Sextner Dolomiten mit den Drei Zinnen und den anderen schroffen Felsbergen auf der südlichen Talseite und der Karnische Kamm mit den Almen und sanften Grasbergen auf der nördlichen Talseite bieten eine immense Anzahl an abwechslungsreichen Wanderungen und Bergtouren jeder Länge und Schwierigkeit. Gemütlichkeit – Stil – Komfort sind die Grundpfeiler der Philosohpie des Hauses.

Berghotel & Residence Tirol****
Familie Holzer
Helmweg 10
I-39030 Sexten

Tel.: +39/0474/71 03 86
Fax: +39/0474/71 04 55
E-Mail: info@berghotel.com
www.berghotel.com

Das Dorf Sexten ist nicht zuletzt wegen seiner Bergwelt so bekannt. Der Dorfkern im Tal ist der Siedlungsschwerpunkt, doch liegen über die ostseitigen Hänge verteilt noch viele Bergbauernhöfe.

Sexten und seine berühmte Bergwelt

Sexten ist das östlichste größere Seitental Südtirols. Die Talstraße («Karnische Dolomitenstraße«) zweigt bei Innichen von der Pustertalstraße ab, erreicht zuerst das Hauptdorf Sexten (1316 m, auch St. Veit genannt), gleich darauf das Dorf Moos und steigt dann zum Kreuzbergpass an (1636 m), dem Übergang ins bellunesische Comelico-Tal. Die Gemeinde Sexten umfasst rund 80 Quadratkilometer mit knapp 2000 Einwohnern.
Die Siedlungsschwerpunkte liegen zwar im Tal, doch sind über die ausgedehnten ostseitigen Wald- und Wiesenhänge bis in rund 1660 m hinauf zahlreiche schöne Bergbauernhöfe verstreut. Sexten besitzt auch prächtige Almen, von denen vor allem die Klammbachalm und die Nemes-Alm zu nennen sind, die ebenfalls auf der östlichen Talseite liegen. Die Hänge dieser Talseite ziehen hinauf zum Karnischen Hauptkamm, der mäßig ausgeprägte Gipfel trägt und ein großartiges Wandergebiet darstellt.
Ist die genannte Sextner Ostseite schmal und ungegliedert, so ist für die Westseite das Gegenteil der Fall. Hier erhebt sich nämlich, durch das Innerfeldtal und das Fischleintal dreigeteilt, das ausgedehnte Gebirge der Sextner Dolomiten – eine der schönsten Gruppen der gesamten Dolomiten. So prächtig und vielgestaltig die Sextner Dolomiten in ihrer Gesamtheit sind, so einmalig sind auch die einzelnen Berggestalten. Die über 3000 m hohe Dreischusterspitze zum Beispiel, der ebenfalls die genannte Höhe übersteigende Zwölfer mit seiner mächtigen Nordwand, das bekannte Massiv Rotwand-Elfer, der nicht weniger bekannte Paternkofel, aber auch Haunold, Birkenkofel und Einser, der letzte der Sextner »Bergsonnenuhr«. An Einzigartigkeit übertreffen aber die Drei Zinnen alle anderen Berge der Sextner Dolomiten, ja sie gehören zu den berühmtesten Bergen überhaupt. Ihre mauerglatten Nordwände ziehen Extremkletterer aus der ganzen Welt an. Aber das Gebiet besitzt auch eine Reihe von großartigen Höhenwegen, auf denen man rund um die einzelnen Berg-

massive wandern kann, wobei man nicht nur an so manchem hübschen Bergsee vorbeikommt, sondern auch an der Dreizinnenhütte, einem der am schönsten gelegenen Schutzhäuser der Alpen.
Wer in Sextens Bergen unterwegs ist, trifft immer wieder auf Reste aus dem Ersten Weltkrieg. Denn hier verlief von 1915 bis 1918 die Frontlinie zwischen Österreich und Italien. Doch das Kriegsgeschehen forderte auch im Tal schweren Tribut: Von einer Granate getroffen, ging das Dorf Sexten in Flammen auf.
Blüht in den Sextner Dolomiten vor allem der Sommertourismus, so ist das Helmgebiet am ostseitigen Kamm durch Seilbahnen und Liftanlagen für den Wintertourismus erschlossen.

Von den Rotwandwiesen zum Kreuzbergpass
Wanderung auf alten Kriegspfaden

Wegbeschreibung: Vom Berghotel Tirol (1370 m) spazieren wir zum Café Kofler und weiter durch die Wiesen zur Talstation der Rotwandwiesen-Seilbahn (ca. 10 Min.). Wir fahren mit der Seilbahn hinauf zu den schönen Rotwandwiesen (1950 m; Einkehrmöglichkeit). Unsere Wanderroute ist anfangs kurz mit Nr. 15 und dann durchgehend mit 15/A gut markiert. Der Steig durchquert zunächst die flache Rodung der Rotwandwiesen, dann kurz lichten Wald und anschließend zieht er unter den bizarr geformten Felsgestalten der Sextner Rotwand, des Neunersund des Arzalpenkopfs teils über weite Schuttkare, teils durch schönen Bergwald bis zu dem vom Arzalpenkopf zum Kreuzbergpass hinabziehenden Rücken, der noch Reste aus dem Ersten Weltkrieg trägt. Man folgt kurz diesem Kamm, worauf ein kurzer Abstieg entlang der Skipiste über Wiesen zum Kreuzbergpass hinabführt (1636 m; Straßenübergang, Gastbetriebe). Von dort führt uns der Abstieg (sofern wir nicht den Linienbus benützen) durch lichten Wald leicht fallend über den Weg Nr. 13 A bis in die »Sign-Aue« und schließlich über den Sextner Rundweg direkt zurück zum Ausgangspunkt.

Tipps und besondere Hinweise: Landschaftlich überaus schöner, sechs Kilometer langer Höhenweg, der alten Kriegspfaden folgt und auch wenig geübten Bergwanderern empfohlen werden kann, zumal der Anstieg mittels Lift und der Rückweg mit dem Autobus bewältigt werden können. Der gute Steig zieht von den Rotwandwiesen teils an der Waldgrenze, teils oberhalb derselben am Fuße senkrechter Felsabstürze nahezu eben zum Kreuzbergpass. Vom Weg aus schöne Ausblicke zum Karnischen Kamm und nach Norden zu den Eisgipfeln der Rieserfernergruppe.

AUSGANGSORT
Moos/Berghotel Tirol (1370 m)

AUF EINEN BLICK
Berghotel Tirol - Rotwandwiesen - Kreuzbergpass - Berghotel Tirol

HÖHENUNTERSCHIED
ca. 630 m

HÖCHSTE WEGSTELLE
ca. 2000 m

REINE GEHZEIT
5 Std.

WEGLÄNGE
ca. 13 km

SCHWIERIGKEIT
3-Bergschuh-Wanderung

WANDERKARTEN
Freytag & Berndt, Blatt S 10 (Sextener Dolomiten - Ampezzo - Marmarole); Kompass, Blatt 58 (Sextner Dolomiten)

Oben: Das Fischleintal in Sexten

Kurze Rast bei der Weggabelung zum Aufstieg. Links im Bild ragen die Drei Zinnen empor.

AUSGANGSORT
Moos/Berghotel Tirol (1370 m)

AUF EINEN BLICK
Berghotel Tirol - Festung Haideck - Fischleintalwiesen - Gsellwiesen - Sexten - Berghotel Tirol

HÖHENUNTERSCHIED
ca. 730 m

HÖCHSTE WEGSTELLE
Innergsell (2065 m)

REINE GEHZEIT
5 Std.

WEGLÄNGE
ca. 12 km

SCHWIERIGKEIT
3-Bergschuh-Wanderung

WANDERKARTEN
Freytag & Berndt, Blatt S 10 (Sextener Dolomiten - Ampezzo - Marmarole); Kompass, Blatt 58 (Sextner Dolomiten)

Der Naturpark Sextner Dolomiten bietet eine einzigartige Flora. Im Bild der Spazierweg im Fischleintal mit Blütenpracht an den Wegrändern.

Zu den Gsellwiesen
Blumenwunder im Naturpark Sextner Dolomiten

Wegbeschreibung: Von Moos (1339 m) ausgehend überqueren wir westwärts den Talboden, erreichen in kurzem Anstieg die Ruine des alten Sperrforts Haideck (1413 m) und queren der Markierung 1 A folgend die Wald- und Wiesenhänge südwärts bis zur Kreuzung mit Weg 12. Nun auf diesem durch Wald steil empor, über den Bärenbach und weiter hinauf, bis sich der Wald lichtet. Ein Brunnen dort trägt die Inschrift »Alle Wasser der Erde singen das Lied der Freude«, und es ist wirklich eine Freude, hier den Durst zu löschen. Wenig später überqueren wir das Wassertal und kommen zu einer Wegkreuzung. Nun steigen wir links in mehreren Windungen auf dem schattigen Waldweg steil hinauf zu den ersten Bergwiesen und auf schmalem Pfad bis auf den höchsten Punkt der Innergsellwiesen, den »Rossehimmel« (2065 m; Innergsell). Von da bietet sich ein herrlicher Blick zur gewaltigen Bergkulisse der Sextner Bergsonnenuhr, zu den Zentralalpen sowie ins Sexten- und Pustertal. Dann steigen wir auf dem Fußpfad 12 westwärts kurz ab, queren die Geröllhalde unter dem Gsellknoten und erreichen in kurzem Gegenanstieg den Außergsell (2004 m) mit den gleichnamigen Wiesen und einer privaten Hütte. Der Abstieg führt zunächst über die Wiesen, dann durch das steile Gselltal auf Steig 12 d hinunter zu den »Frohne« genannten Wiesen und über sie nach Sexten, von wo wir zum Ausgangspunkt zurückkehren.

Tipps und besondere Hinweise: Die auf leichten, wenn auch teilweise steilen Pfaden zugänglichen Gsellwiesen sind ein Geheimtipp für Naturliebhaber und Ruhesuchende. Sie breiten sich an den Hängen zweier fast

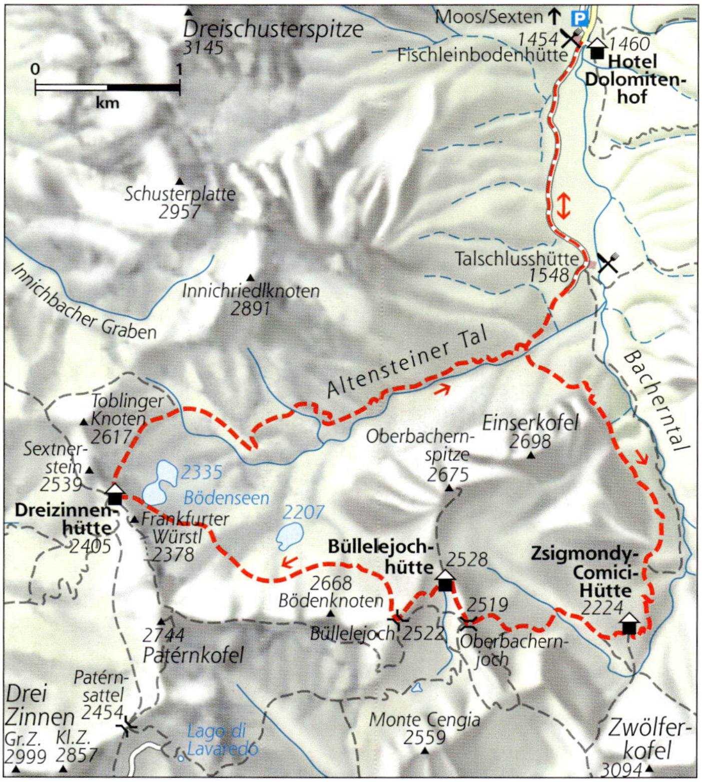

gleich hoher Bergkuppen aus, die sich südwestlich über Sexten unter dem mächtigen Bergaufbau der Dreischusterspitze erheben.

Die Drei-Hütten-Tour zu den Drei Zinnen
Ein klassischer Höhenweg

Wegbeschreibung: Zunächst mit Bus oder Pkw (zu Fuß 45 Min.) ins Fischleintal zum Parkplatz beim Dolomitenhof (1460 m). Von dort nahezu eben zur Talschlusshütte (1548 m) und rechts auf Weg 102/103 im Altensteintal kurz hinauf zu einer Wegteilung. Hier links ab und auf Weg 103 hoch über dem Talgrund des Bacherntales hinauf zur Zsigmondyhütte (2224 m; Prachtblick auf Elferstock und Zwölfer). Vom Schutzhaus nun auf dem mit Nr. 101 markierten Höhenweg über felsige Böden teilweise leicht ansteigend westwärts zum Oberbachernjoch und nach rechts zur Büllelejochhütte (2528 m). Kurz weiter zum Büllelejoch (2522 m), nordseitig über Geröll ein Stück steil hinunter und dann in schöner, ebener Wanderung mit Blick zur Dreischusterspitze zur großen Dreizinnenhütte am Toblinger Riedl (2438 m). Herrlicher Blick auf die Drei Zinnen. Von der Hütte nun auf Weg 102 nordostwärts über die Bödenalm mit den beiden oberen Seen und anschließend durch das wildschöne Altensteintal, das im Süden vom gewaltigen Aufbau des Einserkofels überragt wird, hinab zur Talschlusshütte im Fischleintal und zurück zum Ausgangspunkt.

Tipps und besondere Hinweise: Der landschaftlich großartige Höhenweg verbindet die Zsigmondyhütte mit der Dreizinnenhütte, die den berühmten Blick auf die grandiosen Nordwände der Drei Zinnen bietet. Auf halbem Weg steht die Büllelejochhütte als angenehme Einkehrstätte. Der Höhenweg ermöglicht mit Aufstieg und Abstieg eine geschlossene Rundtour.

Die unschwierige, aber doch lange Wanderung wird zunächst vom gewaltigen Zwölferkofel beherrscht und später vom Paternkofel, der im Ersten Weltkrieg durch den Heldentod Sepp Innerkoflers Berühmtheit erlangt hat. Sehr hübsch am Weg die Bödenseen.

AUSGANGSORT
Berghotel Tirol (1370 m)

AUF EINEN BLICK
Berghotel Tirol - Talschlusshütte - Zsigmondyhütte - Büllelejochhütte - Dreizinnenhütte - Talschlusshütte - Berghotel Tirol

HÖHENUNTERSCHIED
1158 m

HÖCHSTE WEGSTELLE
Büllelejochhütte (2528 m)

REINE GEHZEIT
7 – 7 1/2 Std.

WEGLÄNGE
ca. 13 km

SCHWIERIGKEIT
5-Bergschuh-Wanderung

WANDERKARTEN
Freytag & Berndt, Blatt S 10 (Sextener Dolomiten - Ampezzo - Marmarole); Kompass, Blatt 58 (Sextner Dolomiten)

Oben: Ausruhen inmitten saftiger Wiesen ist auch für geübte Wanderer ein Hochgenuss.

Die Drei Zinnen sind ein Wahrzeichen Südtirols.

REGISTER

BILDNACHWEIS/ IMPRESSUM

Bildnachweis:
Titelbild: Rast mit Ausblick inmitten bunter Blumenwiesen (Foto: O. Seehauser); Umschlagrückseite: Blick auf die Drei Zinnen (Foto: H. Rier); Kleines Bild: Die Südtiroler Wanderhotels kümmern sich um das leibliche Wohl. (Foto: Südtiroler Wanderhotels);
Udo Bernhart: S. 19 (2), 22, 23 (2), 24, 27o., 28u., 31o.;
Foto Dieter Drescher: S. 84 o.li., 85;
Helmut Dumler: S. 75;
Hanspaul Menara: S. 2 (Zwischen Langkofel- und Murmeltierhütte), 8, 13, 14 o.re., 16, 18 o.re., 21, 25, 27, 28 o., 29 u., 32, 35, 36, 38 o.re., 39 (2), 40, 41 (2), 44u., 45 u. re., 47 (2), 52 (2), 60 u., 61 mi., 63 u., 64 mi.li., 66 mi.re., 68 (2), 69, 70/71, 71 o.re., 74 o.re., 75 o.re., 80 (2), 81, 83 (2), 88, 90 o.re., 91, 92, 93, 94 o.mi., 97, 99, 100 o., 103 o.re., 104, 106 u.li., 108, 112 u.li., 117 o.re., 119 o.re., 121;
Helmuth Rier: 7 (Die Seiser Alm, das größte Hochplateau Europas, ist ein Paradies für Wanderfreunde), 50 o.re., 55, 56 o., 62 u., 63 o., 65, 73 u., 77, 78 u., 82 u.re., 86 o.re., 87, 103 u., 123 o.re., 125 o.re.;
Oswald Seehauser: S. 8, 15, 33, 42 u., 43 re., 46, 48, 49 o., 53, 54, 56 u., 58, 61 u., 102 o.mi., 107 o., 110 o., 117 u., 122/123, 128;
Südtiroler Wanderhotels: S. 8 o.u.mi.li., 10/11 (Wanderer auf der Seiser Alm), 16/17, 20, 22 li.o., 29 o., 30 li.o., 30 u., 34 li.o., 34/35, 37, 38 li.o., 42, 43 li.o., 44 li.o., 45 o., 46 li.o., 48 o., 49 u., 50 o.u.u.li., 51o., 57, 59, 60 o., 6 2o.li., 64 u.li., 66 o.li., 67, 70 o.li., 72, 73 o.re., 74 o.li., 75 u., 78 o.li., 82 o.li., 82 u.li., 86 o.li., 90 o.li., 94 o.u.u.li., 95 (2), 96, 98 o.u.u.li., 105 o.re., 106 o.li., 110 o.li., 113, 114 o.li., 116, 118 o.li., 119 u., 120 o., 122 o.li.;
Christian Tschurtschenthaler: S. 5 (Der Langkofel bei Sonnenuntergang), 14 o., 14 u., 18 (2), 26, 76, 79, 84 u., 89, 98 u.re., 100 u., 101, 102 o.li., 105 u., 106 u.re., 107 u.re., 109, 110 u., 112 o., 115, 116, 118 o.re., 120 u.li., 122 o.mi., 124 o.li., 125 u.;

Ein kostenloses Gesamtverzeichnis erhalten Sie beim
Bruckmann Verlag
D-81664 München

www.bruckmann.de

www.bergsteiger.de

Hanspaul Menara hat die von den Südtiroler Wanderhotels empfohlenen Wanderungen überarbeitet und vereinheitlicht.
Lektorat: Sabine Klingan
Layout: Ruth Kammermeier, München
Repro: Scanner Service S.r.l.
Umschlaggestaltung:
Heinz Kraxenberger, München, unter Verwendung eines Fotos von O. Seehauser
Kartografie: Christian Rolle, Umweltkartografie und Geoinformationstechnik, Holzkirchen
Herstellung: Thomas Fischer
Alle Angaben dieses Werkes wurden von den Autoren sorgfältig recherchiert und auf den aktuellen Stand gebracht sowie vom Verlag geprüft. Für die Richtigkeit der Angaben kann jedoch keine Haftung übernommen werden. Für Hinweise und Anregungen sind wir jederzeit dankbar. Bitte richten Sie diese an:
Bruckmann Verlag
Lektorat
Innsbrucker Ring 15
D-81673 München
E-Mail: lektorat@bruckmann.de

Die Deutsche Bibliothek – CIP Einheitsaufnahme
Ein Titeldatensatz für diese Publikation ist bei der Deutschen Bibliothek erhältlich.

2., durchgesehene Auflage 2004

Printed in Italy by Printer Trento S.r.l.
ISBN 3-7654-4000-0